高校美育课程设计与实施研究

李莉莉 著

吉林摄影出版社
·长春·

图书在版编目(CIP)数据

高校美育课程设计与实施研究/李莉莉著.--长春：吉林摄影出版社,2024.7.--ISBN 978-7-5498-6392-1

Ⅰ.G40-014

中国国家版本馆 CIP 数据核字第 2024UB2175 号

高校美育课程设计与实施研究
GAOXIAO MEIYU KECHENG SHEJI YU SHISHI YANJIU

著　　　者	李莉莉
出　版　人	车　强
责任编辑	岳青霞
开　　　本	787mm×1092mm　1/16
字　　　数	135 千字
印　　　张	9.75
版　　　次	2025 年 6 月第 1 版
印　　　次	2025 年 6 月第 1 次印刷
出　　　版	吉林摄影出版社
发　　　行	吉林摄影出版社
地　　　址	长春市净月高新技术产业开发区福祉大路 5788 号
	邮编:130118
电　　　话	总编办:0431—81629821
	发行科:0431—81629829
印　　　刷	北京银祥印刷有限公司

ISBN 978-7-5498-6392-1　　　　　定　价:65.00 元

版权所有　侵权必究

前　言

在当今社会,随着科技的飞速发展和全球化的深入推进,高等教育面临着前所未有的挑战与机遇。在这一背景下,美育作为教育体系中的重要组成部分,其价值与意义日益凸显。美育不仅能够培养学生的审美观念和艺术素养,更能够激发学生的创造力、想象力和批判性思维,为他们的全面发展奠定坚实基础。因此,《高校美育课程设计与实施研究》一书的诞生,正是响应时代需求、探索高等教育美育发展新路径的重要尝试。

美育即审美教育,是培养个体感受美、鉴赏美、创造美的能力的教育过程,是我国高等教育体系中的重要部分。高校美育课程作为高校开展美育最直接和最重要的途径,在高校美育发展中占据着重要地位,其设计和实施是贯彻和实现高校美育目标的关键。本书围绕高校美育和高校美育课程的内容进行论述,内容包括美育与高校美育的基础认知、高校美育的基本理论、高校美育课程研究、高校美育课程的教学分析、高校美育课程设计探析、高校美育课程评价体系建设研究。本书可供高校美育课程和教学研究人员参考,也可供广大高校师生使用。

本书在写作过程中参阅了大量有关高校美育课程相关的文献与资料,同时为保证论述的准确与全面,本书引用了许多专家与学者的相关研究成果与观点,在此表示诚挚的谢意。因写作水平有限,书中不免有疏漏之处,恳请广大读者批评指正。

目 录

第一章　美育与高校美育的基础认知 ……………………………… 1
　　第一节　美育的基本内涵 ……………………………………… 1
　　第二节　美育与德育、智育、体育的关系分析 ……………… 7
　　第三节　高校美育的本质 ……………………………………… 11
　　第四节　高校美育的现状与发展趋势 ………………………… 14
　　第五节　高校开展美育的意义 ………………………………… 17

第二章　高校美育的基本理论 ……………………………………… 23
　　第一节　高校美育的概念和特征 ……………………………… 23
　　第二节　高校美育的目标和内容 ……………………………… 29
　　第三节　高校美育的功能与原则 ……………………………… 36

第三章　高校美育课程研究 ………………………………………… 51
　　第一节　高校美育课程的范畴 ………………………………… 51
　　第二节　高校美育课程的基本原理 …………………………… 58
　　第三节　高校美育课程的类别与设置 ………………………… 66
　　第四节　高校美育课程的实施策略 …………………………… 70

第四章　高校美育课程的教学分析 ………………………………… 74
　　第一节　高校美育课程的教学方法 …………………………… 74
　　第二节　高校美育课程的教学模式 …………………………… 79
　　第三节　高校美育课程的教学内容 …………………………… 83

第五章　高校美育课程设计探析 …………………………………… 94
　　第一节　高校美育课程设计依据 ………………………………… 94
　　第二节　高校美育课程设计思路 ………………………………… 101
　　第三节　高校美育课程的载体设计 ……………………………… 113
　　第四节　高校美育课程的机制保障 ……………………………… 127

第六章　高校美育课程评价体系建设研究 ………………………… 139
　　第一节　高校美育评价理念的科学化建设 ……………………… 139
　　第二节　高校美育评价标准的差异化建设 ……………………… 142
　　第三节　高校美育评价方法的多样化建设 ……………………… 145

参考文献 …………………………………………………………… 149

第一章　美育与高校美育的基础认知

第一节　美育的基本内涵

一、美育的内涵与特点

(一)美育的内涵

美育在理论上包括教育学和美学等学科,但是它又在实践中与心理学、社会学、伦理学紧密相关。

人们对美育内涵有各自不同的诠释和理解。某些人持有这样的观点,即美育意味着通过艺术化的教育手段将美学的知识传播到大众。胡经之曾经提出设立文艺美学学科,他认为美育是将美学的基本理论转化为美化外在世界与自身的一种积极实践。[①] 亚里士多德发展并继承了柏拉图的美育思想,认为美育可以陶冶情操。蔡元培曾对美育进行定义,他认为"美育者,应用美学之理论于教育,以陶养感情为目的者也"[②]。随着社会不断进步和变迁,美育的教学内容也逐渐丰富化,超出了之前的范畴。

首先需要明确,美育的意义不只是艺术教育的范畴。艺术教育在审美教育中占有关键的位置,要想拥有一双能够探索美的眼睛,必须具备深厚的艺术技能和审美知识。美育不仅涵盖了对自然之美、行为之美等多种审美标准的解读,同样也包括了对艺术品之美的欣赏。另外,美育不仅

---

①　胡经之.文艺美学[M].北京:北京大学出版社,1989.
②　蔡元培.蔡元培美学文选[M].北京:北京大学出版社,1983.

关注感觉体验的质量,而且更注重培养全面的人格特质。艺术的教育方式是无法替代的。所以,美育并不意味着艺术的教育是一样的。

其次要明确,美育不仅是一种情感方面的教育。朱光潜持有这样的观点:美育实际上是一种情感上的教育,旨在激发情感的纯净,同时培育人们之间的内在平衡。美育有多大目的,其中之一就是熏陶人的情感,但最终,塑造人的完整人格是其核心目的。审美教育应当把感情与理智紧密结合,确保人们在某些约束环境中,真正跟随个人内心的声音。

最后要明确,美育不再应该被简单地视作一种辅助教学手段。美育在中国现代教学历程中所占据的地位是不稳定的。虽然体育、智育与德育之间存在着紧密的联系,但美育始终作为次要元素存在。美育需要转变为一个独立的学科,并通过建立一个完整的学科结构,这样它才能更加有效地施展其能力。美育不仅需要集中于艺术领域的发展,还要推动体育教育、智力教育以及道德教育的持续壮大。比如,通过美育的有力推广,我们不只是可以增强个人的智慧,还能够为那些单调无味的道德教诲赋予新的活力和趣味,更能够对公众的心理健康产生正面的作用。

(二)美育的特点

1.情感性

在心理学领域,情感通常是指与个人的社交活动相联系的个人情感。例如,当人们欣赏美丽时感受到的快乐、目睹不道德的事时感受到的愤怒、面临风险时的恐慌、失去心爱之物时所感受到的悲痛,都构成了深厚的情感体验。在探讨美育与情感之间的联系时,我们或许能摒弃对美的理智认知,但它无疑对人的情感产生了直接的塑造。在审美经历上,美的存在能激发学生的情感共鸣,进而帮助他们在审美实践中更好地判断问题,使他们最终达到审美的高峰。因此,将理论与情感结合,并用感情触动人心,是美育中一项显著的特点。

2. 形象性

黑格尔曾经提出"美只能在形象中见出"①。换言之,美只存在于可以直观和触摸的形象之中才能真正被人们体验,否则,它将仅仅是一个抽象的思想概念,它只能够区分对与错、真实与假象,而无美与丑的区别存在。舞蹈、戏剧和音乐等艺术形态所表现出的各种角色都具有鲜明的生命力,而文学这种语言艺术,也需要利用生动的描述技巧将读者带入特定的场景,进而感动和影响读者。

3. 渗透性

美育被视为审美的教育形式,在充满美学的环境中,人们逐渐接受这种美的教育,从而进一步增强其审美魅力。一旦目睹了壮观的海洋景象,人们便会显得心胸开阔与愉悦;当某人居住在一个和谐的集体里,孤独的个体会逐渐展现出团结与善良的一面。尽管美育对人所带来的影响未必立刻可见,但其作用却是长期的。不像传统的道德教育体系,该教育方式鼓励学生自我欣赏美,并把这些美好的观念深入地融入到日常生活的各个方面。

二、美育的任务

美育的主要任务是塑造并培育具有健全人格、深厚的专业文化底蕴、高远的人生理想,并拥有一定程度艺术修养和审美品位的现代优秀人才。

(一)培养感受美的能力

感受美的能力就是善于在自然、生活、艺术中发现美、享受美的能力。该方法在积累丰富内心感情方面起着关键作用。在这繁忙的城市中,各种潮流都在以新的形式展现;无论是美丽的农村还是其他地方,网络都发挥着其不可或缺的优势。然而,不是每一个人都能在这个现实世界中感受到时代赐予他们的生气,也不是每个人都能够深切体验到生活之美。这意味着每个人对审美的感知能力都是各不相同的,有些人在审美感知

---

① 黑格尔.美学:第1卷[M].朱光潜,译.北京:商务印书馆,2017.

上更为敏锐,而有的人则相对较脆弱。奥古斯特·罗丹,这位法国雕塑艺术家,曾经明确表示,只需我们的视觉,就能够感受到美的无处不在。事实上,我们身边并不缺乏真正的美,只是我们的内心没有那种能够看见美、探索美的能力。这类认识技巧与审美感知能力相似,均应该依赖于美感教育来加强。

审美感受能力是一个复杂的心理系统的综合反映。它涵盖了诸如感知、思维联想、联想思维、情感交流以及多种思维技能。这些技能在审美过程中,不仅各有特点而且存在着阶段性的影响,它们之间是相互联系且相互作用的,共同构建一个人的审美体验能力,是和谐共处的。充分的感知才能建立在深入的洞察上。这种情况常常在我们的审美认知中出现:当我们对某物的外观有所感知时,我们却往往不知道其形象特性的深层含义,因此很难真正激发我们深沉的美的情感。为此,美育的核心目的应该是辅助大学生通过他们对实际物体的感知和形象的观测来增强他们的想象力。它应该鼓励大学生将特定事物与另一事物进行对比,并深入探讨审美对象的真实含义,通过各种实践活动,来培养他们的审美情感和认知能力。

(二)培养鉴赏美的能力

当我们欣赏某一对象时,经常会基于自己对它的审美体验来做出各式各样的评价。这种行为常常体现了我们欣赏美的内在素质。人们在社会生活长期停留的时间里,会不自觉地受到各种不同方面的影响和教化,这一现象特别明显。随着我国经济和社会的持续发展,物质生活水平的不断提升,人们在精神层面的范围逐渐扩大,这无疑对我们日常生活中每个人的审美评价能力构成了一次严峻的测试。一个人的审美鉴赏能力可以从其综合素质和多方面的能力来展示,它不仅受到审美感受能力的影响和限制,还与个体的艺术修为、审美品位、美学见解和审美经验等方面存在某种关系。

对于大学生来说,审美鉴赏的技能在两个领域得到了体现。一方面体现在日常生活中辨别事物好坏的能力。例如,我们需要满足环境美化的标准、辨别哪些物品可以被欣赏,以及如何评估人们的语言使用习惯等。加强这些鉴赏美的技巧,可以更好地引导青少年满足审美需求、塑造审美特质,并增强他们的生活品质。另一个方面关乎对艺术之美的辨别和欣赏技巧。艺术不仅是人类的智慧和才能的卓越展现,而且也是人类追求真理、善良和美好生活旅程的生动见证。艺术拥有跨越时光的永恒魅力。人们在接触艺术创作时产生的特定精神活动被称为艺术美的评估,这是一种更加主动和积极的艺术再次创造行为,而非被动的负面感知。为了提高艺术鉴赏能力和思维能力,人们需要欣赏那些美妙的艺术作品,这将有利于提升自己的艺术修养和鉴赏水平。

(三)发展表现美、创造美的能力

我国当前正是经济持续增长的时代,强烈要求大学生将其审美技巧融入学习、职场和社会生活的各个方面,确保美学在各领域都能得到充分展现。大学生的美和创造美主要体现在以下几个方面:爱国美、行为美、语言美、仪表美、劳动创造美等。

爱国美是忠于祖国、热爱祖国的美。这代表了一种对祖国深厚的情感,并且这种情感是长久以来累积起来的。爱国主义它不仅仅体现在我们对民族的文化和历史,以及对中国河流的深沉热爱中,更进一步展现在我们的民族骄傲、自信和自尊之中,同时,它也代表了为国家的和谐和统一做出勇敢牺牲的意志和强烈的社会使命感。时代赋予现代年轻人的职责是展现前辈的国家情怀,并为祖国的统一和整个民族的复兴增添色彩和活力。

行为美是人的行为动作的美,是心灵美的外在表现。更具体地说,人们所做的决定直接映射了他们与周围社会的联系;当这种关系反映出社会前进方向和历史方向时,这种关系便展现为美的表现。人类的行为不仅涵盖了生产和劳动,同时也包含了家庭日常生活和人际关系这些普通日常事务。我们坚信,如见义勇为、乐于助人、积极学习、慷慨待人以及在工作中展现出努力等美好的态度和行为是被视为美德的。而损害他人利益、损害公共利益、消极消沉、野蛮和虚伪等不良行为则受到了社会各界的鄙视。美的行动不仅是我们的楷模,更是我们的力量源泉,它能赢得他人的尊重、崇敬和效仿,从而产生积极的社会影响。假如每一个人都展现了美德的行为模式,这将会催生出一种巨大的社会凝聚力,从而根本改变社会风气,并持续推动社会向前发展。优秀的语言表达能力是个人修养成果的一种表现。语言之美可以从四个核心方面来描述:有据可循的论据、礼貌而又得体的表达、有丰富实质内容的阐述以及让语言具有深度和韵味的表达。只要论据充足,就意味着说话必须有充分的根据。"知之为知之,不知为不知"①,语言就显得中肯可靠。相对而言,草率发言、无逻辑地作出判断,或者跟风而归,这些都不符合语言的美感。礼貌地说话,乃是中华民族文化中的传统优点。孔子说:"质胜文则野,文胜质则史。文质彬彬,然后君子。"②换句话说,如果只有品格质朴而缺乏质朴的品格,人便会表现出轻佻的气质。语言不只是反映人们的思维方式和文化积淀,它还揭示了一个国家或一个民族的文化水准,因此,我们应该致力于消除语言中的污染,用富有美感的文字来创造和美化世界。

仪表美主要指着修饰所表现的美。打扮自己的主要方法就是通过衣着。墨子指出:"食必常饱,然后求美;衣必常暖,然后求丽。"③随着社会和技术的不断进步,服装已经不仅仅是用于防晒、保暖和保护身体的功能,而转变为了一种文化展现,引导人们更加关注其颜色、使用的面料、设计风格、与时尚相匹配的风格以及如何进行搭配。为了实现着装的审美标准,我们不仅要培训欣赏美感的技能,还需增强个人的文化与艺术修养,探寻和了解自己的长处与短板,同时深入挖掘自己独特的服装风格。修饰是人们打扮自己的有利方式之一。随着群众的生活条件日益增进和职业需求的增加,对其进行适时的修饰显得尤为重要。整洁、洁净、美观和和谐的外观能够提升人们的容光焕发和精神愉悦,同时也能补偿其整

---

① 思履.论语中庸大学[M].南昌:江西美术出版社,2018.
② 马喜千.论语微阅读[M].济南:山东人民出版社,2019.
③ 张兆端.知者不惑之管子·墨家·法家·兵家[M].北京:群众出版社,2018.

体美观的缺点。总体来说,衣物装饰不仅反映了某人的多方面的涵养,更需要关注其与个体的行业背景、年岁、社会地位、性别和性格的关联,从而展现出一个清爽、高尚且充满个性的个人形象,为我们的日常生活注入无尽的快乐。

劳动创造美是人类社会产生与发展的根本。没有劳动,人类将无法存在,缺乏创造性的劳动,进步也将无法达成。生产主要是指劳动能使物体的构建与人基于物体规律和目标所设定的外观和形象相匹配,使之成为具有美感的存在。在人类的历史中,早期为了维持基本生活和追求进步,人们在劳动中掌握了制造简单而不细致的劳动工具。但随着现代文明为了追求高品质和高科技的生活方式,人们开始在劳动中发展网络经济。正是经过不断的努力,人类在各种领域中逐渐认识到了外部世界的规律,并与自身的目标达到一致,从而塑造出了一系列美丽的事物。生产作为主要的生产目标,意味着工作可以让人们意识到美的存在。历史上,人类的历史经验向我们揭示,正是劳动带来了独特的感官体验,如色彩和声音的独特刺激,这让人类获得了与动物不同的社会认同感。这种感觉也使人们产生了能够听见音乐的耳朵和欣赏形式美的视觉,进而塑造了人类审美的生理和心理构造,而审美的范围也从简单的工具逐渐扩展到与劳动创造相关的所有商品和事物。

第二节 美育与德育、智育、体育的关系分析

尽管美育、德育和智育各有其独特的教学目标与教学内容,并且在某种程度上彼此无法取代,它们之间仍然构成了一个相互联系并辩证统一的实体。

一、美育与德育

(一)两者的区别

在具体性质上,美育和德育具有不一样的价值标准。德育与道德、政治行为息息相关,主要是基于对道德是非、善恶判断来指导、调整个人行

为方式。德育被视为一种有约束性的教育手段,它要求学习者借助理性与意志的力量控制自己的发展,以应对社会生活中的多种需要。美术教育是一种价值观念,它完全展现了人的中心地位。美的存在是不受任何限制的,它源于审美对象的独特性以及审美主体的个性差异,这种美给予一个人心灵上的自由。美育主要目的是深化个人的个性塑造,使人的心灵能够达到更为自由的状态。

在教育功能上,德育的主旨在于"培育品德",强调的是调整和规范人与人之间的关系,重视培养人的社会价值观,引导大家形成"主动遵守"和"自觉"的行为和意识形态,进而形成一种有序的、理想的社会联系;"育美"被认为是审美教育的核心目标,主要关注寻找精神的平衡,以强化人与人之间的良好互动,同时,它强调培育敏感的感官能力来塑造个人的人格,并帮助其培养自主和创新的思维与行为方式。

在教育方式上,德育注重通过说服和用"概念"来进行表达,提倡"晓之以理"的理念,是教育和教学之间的有机结合。该情感教育既影响我们的认知和理性思维,虽然情感教育并不被完全排斥,但它深深地蕴含了道德功利的成分。道德教学的方式具有明显的外部强制力。美育主要是以情感为基础的教育,强调通过"形象"来传达,鼓励"用情感打动他人",它是个人与指导的完美结合。美育教育在人的情感世界里具有深远的影响,其以轻松愉悦和不易察觉的方式来进行教育活动。在审美教育的过程当中,接受教育的个体并不只是被动接受教育的一方,相反,他们更是主动地将所学转化为知识和观点。

(二)两者的联系

德育与美育都是人文教育。它们均是对于人的内心美好与精神追求的一个标准,代表着对人的品格完善、心灵高尚的升华和对其心灵的培育。从某种角度出发,美育与德育的开始和结束基本上是相吻合的。

教育过程当中,道德教育与审美教育彼此交织,互相影响。鉴于善与美的融合,德育与美育的整个流程也显现出其固有的一致性。在教育主题方面,美育所涉及的审美目标通常都可以归入德育所包含的广义"善"的概念内。在社会美的特定历史背景下,个人的"美"常常弥漫着深刻而感人的道德内涵。在教育的心理方面,人的内心构建为一个统一体,人的审美观念与道德观念在个体意识中有时是紧密相连的,这使得人们在看待"美"的事物和"好"的事物时,两者的评判能够达到融合。因此,道德教育与美育教育经常是互相融合的两个方面。

　　在教育成效上,德育与美育相辅相成、彼此促进。德育不仅确立了美的定义和美育的内涵指导,确保了美育走向正确的路径,而且帮助审美人群形成恰当的审美信仰和保持健康的审美兴趣。美育不仅为德育提供了具有吸引力的方式,同时也赋予了它强大的感染力量。在道德教育过程中融入生动形象的美育表达和情感体验机制有助于消除道德教育的单调,从而增强道德教育的实用性。美术教育能够为道德智慧和意志成长奠定关键的基石,因为其有助于学生达到心理的平衡。通过美育,能够培育出受教育者的审美鉴赏能力,从而培育他们真实的热情与诚意,克服他们的麻木感和冷漠态度,为他们的道德修养和行为提供了坚实的基础。

　　总体来说,德育与美育在性质和重要性上都存在着显著差异,它们各自独立,但又是紧密相连,互补并相互补充的。若将它们比喻为在大海上航行的航船,那么缺乏德育的美学就仿佛是失去了导航罗盘,而缺少美育的道德教育则好比是失落的航帆。

二、美育与智育

(一)两者的区别

　　在教育内容上,美育和智育各有其独特的领域。智育的主要目标是为受教育的学生提供知识和技能掌握。这一教育模式偏向于把整个学科拆分成各种部门,并将其对世界的理解划分为物理、化学和生物等不同领域,每一个领域之后还会进一步发展成若干子学科。这样的知识分隔对于学术研究和学术吸收是非常必要的,然而,它可能会对个体对于自然界整体的理解以及对自身全面性成长产生负面影响。美育主要目的在于培养学生的审美鉴赏能力,并塑造其全面人格特征。不论是艺术的旋律或画作,还是大自然浩渺的江河和璀璨的星河,人们面对的审美标准都显得非常一致和充满生命的活力。审美活动是一种将感性与理性相结合的个性化活动。因此,美育在培养全方位发展的、活泼的全面人格方面相比智育更具有优越性。

在教育过程方面,源于"真"与"美"不同的价值属性。智育的核心是一种知识的传授,基本上是从外部向内部进行的。大学生接触的知识结构以概念和逻辑为核心,因此智育和他们的生命和情感需求并没有直接的联系。美育则是一个培养审美能力,使大学生的个性、情感得到表现和升华的过程,它以受教育者的自发性为基础,大学生接触的主要是以"形式—情感"为特征的审美对象,故美育与个体的情绪、情感、愿望、需要等生命状态密切相连,能够直接满足个体生命发展的要求。

在思维方式方面,由于"真"与"美"本身就诉诸不同的思维方式,智育经常依赖于人的逻辑、抽象以及收敛思考。这种倾向有助于加强大学生对理智的理解,避免情感和个体偏见的干扰。在教育过程中,帮助学生提高客观性和摆脱主观性偏见,往往不自觉地改变他们的情感和想象力。美育主要是依赖直观、形象和发散性的思考方式,通过各种方式如联想、类比甚至是灵感去实施。尽管审美能力的培育需要在学习审美理论的同时进行合理思考,对于审美事物的观察也涵盖了对其内容的理解,但这种理解是在对其形态体验中得到的。美育最核心的手段不在于学习美学理论和进行艺术技巧培训,而是在于体验并感受美的存在和体验。审美不仅仅是从具象表现走向抽象的逻辑,它是渐进的、深入的感性形象的转化。

(二)两者的联系

在教育内容上,美育与智育有着内在的关联。"真"与"美"往往是浑然一体的。美育借助的是事物"美"的形式,智育涉及的是事物"真"的内容;宇宙中的万物在本质上融合了内容与表现的统一性。因此,当我们谈及对自然、社会与自身的理解时,我们不仅可以从科学的角度来看,还可以从审美的角度来看。这两方面的紧密关联使得美学和智力教育在一起成为不可或缺的纽带。

在思维方式上,美育与智育具有互补性。两者交融有助于激发人们的创造力和潜力。一个人思想品质的完整展现,很容易就是逻辑(也叫抽象)和形象(视觉)的思维能够同步发展和和谐共生,从而孕育出高度的智慧,其中包括丰富的想象和创造力。如果仅仅专注于智育的单一发展,而忽视其在掌握大学生知识和提升逻辑思维能力方面的全面性,那么这样的教育方式容易导致学生形象直觉力和想象力的明显不足。美育在促进人们思维、素质以及形象方面展现出非常显著的优越性和优势。将美育和智育相结合可以为大学生提供更有效的方法,提升其感知能力,丰富他们的想象力,促进其创意潜能,并培育其高级的智能素养。

在教育中,美育与智育彼此相辅相成、相互促进。感受、欣赏、鉴别"美"要有一定的知识基础。深厚的学术知识、出众的智慧以及对事实的不懈追求,既是道德教育的目标,也是追寻美的内在意义之一。相反地,美育具有拓宽大学生视野和丰富他们知识视野的潜力,因此是一种有效的手段来帮助大学生掌握自然科学和社会科学的相关知识。美育的教育方法重视形象与感染的结合,通过在智育课程中主动融入美育元素,不仅能让大学生从被动且枯燥的教育方式中获得解脱,同时又能够寓教于乐,进而激发他们的学习热情和主动学习心态,进而加强智育教学的内部化作用。

总之,在教育体系中,美育与智育既相互区别、彼此独立,又相互渗透、相辅相成,两者共同致力于创新型人才的培养。

第三节 高校美育的本质

一、思想育人属性

思想育人是一个基于人类历史和实际发展来验证的政治观点、道德标准和思维模式,它塑造了人的价值观、心灵世界以及认识框架的行为模式,被视为育人的最核心和最基础的策略。在此发展过程中,个体逐渐建立的价值观念、积累的学术信息和培育出的思考模式,在他们不经意间驱使着自己做出合适的行为选择,并为其赋予了强大的思维活力。这种难以言喻的力量不仅能够刺激个体的主动努力和全方位成长,还能影响周边社群。

美育这一概念是基于对人类生存观和价值观的探讨而来,它不仅可以助力大学生深入体验、审美、理解美的内涵,还有助于激发他们对美的反思以及创造美的热情与决心。在日常生活中发掘、在学习中深入发掘,以及在工作中应用美的存在,作为一种真挚的情感,美是我们生活中不可分割的部分。只有坚定的内心动力,我们才能培育出一个高贵而纯净的精神,建立一个充满情感和美好的共同家园。因此,思想与人的教育成为实现美育的核心支撑和起始前提。

二、课程育人属性

教学机构依靠课程开展教育教学活动就是在实施课程育人。作为教学支撑、理想的诠释、师生互动以及跨学科的交流,这被视为对课程在教育中意义的最深入阐述。在教育过程中,课程育人被认为是基础和关键的人力资源培养方法。因此,学校应基于既定的教育目标来精心规划教学方案,设计合适的课程内容,编纂和发布相关学科教材,进行科学和合理的教学设计,实施周到的教学管理,并确保课程的质量和效果都得到提升。

美育教育主要是通过美育教程进行的。这种教学方式不仅能引导大学生全面学习美育和相关的理论,还能帮助他们掌握与人文艺术和审美相关的技能活动。此外,通过这种特殊的手段,学生还可以培养他们的优秀气质、兴趣点和性格,从而提升他们的精神修为和人生品质。

在高等教育体系里,美育的核心教程是艺术教育,这需要根据专业能力的需求和每个专业的人才发展特征来设计课程方案,并采用独特的评估和授课手段,目的是提高大学生的艺术实践和人文修养。在高等教育中,人文修养和审美观念的培养被视为美育课程的中心内容。创新能力的提高是主要关注点,而中华文明艺术经典的教育与传承和发展则被视为核心主题。为此,我们研究和构建了一种智能化、数字化、线上线下融合、网络化的课程教学方式,将其与其他相关专业课程相结合。这样做深刻地提示了大学生在医学、工程、自然科学和文科等领域里的发展方向,进而推动了人才培养的全面改革。因此,在高等学府中,以课程为核心的审美教育方法就是以课程为媒介培养学生。

三、实践育人属性

实践育人是在巩固理论基础的前提下，通过增强实践操作能力并开展实践活动，以加快大学生将书本内容转化为更为形象的记忆模式。通过实践教学，教师的教学效果和学生的学习成果都有了显著的提高，尤其是在帮助大学生处理实际挑战的技巧方面，为他们提供了全方位、自主的成长与发展机会。通过实践，人们可以在很大程度上找到思考模式与知识内容之间转换的方法，从而实现思维的形式和内容的融合，并有效地处理行为的内部化与个人理论的识别，确保人们在知识与行动相结合的进程中逐步走向人生的更高层次。

美育指导大学生参加社会实践，丰富其创新思维，培养其高尚情操。此种教育形式与社会生活紧密相连，完全满足个体发展的需求，并有助于激发大学生的自我选择和独立思考能力。这不仅是一个提高大学生审美鉴赏能力的教学环节，而且对于实际教育人才来说，它是最真实且最生动的执行方式，展现出极高的价值。

在高校的美育实践中，我们需要基于深厚的教育和文化觉悟，坚定地融合人文与科学两大要素，全力以赴地组织高品位的审美艺术实践，激发大学生的时尚意识，洗涤他们的内心，使他们在各类美育活动中真实体验到美与善的价值。大学生所组织的社会服务以及与国家文化和艺术的实践，应该与他们个人的成长和发展紧密相连。他们播撒美学的种子，传递关于美的理念、展示美的各种形态，并实现美的梦想。他们通过自身的体验，为这个时代注入了深厚的文化意蕴，并且确立了与时代发展方向一致的核心价值观。因此，在高等教育机构中实现美育的主要途径就是通过实践来培养学生。

四、文化育人属性

文化育人即通过卓越文化的交融、创新和传递，深刻地改造和影响人们的精神境界。培养学生的文化素养对于他们在社会与历史的发展趋势中确立正确的宇宙观、人生观哲学以及价值取向是有益的。文化不仅仅是一个民族或国家的精神核心，更是这一实体独特的精神印记，其强大的心灵动力为个体提供了极为强大和持续的成长源泉。文化教育通过提高人们对文化的自信心,进一步催生了文化的自强精神,同时在这个注重生命的根源和担负文化任务的时代浪潮中,也激励了个体去追寻卓越并与现代社会并进。

美育不仅是文化的一部分,更是对人类精神归属的一种深刻指向,它具备极高的吸引力和感染力,同时它也拥有独到的导向性和教育作用,能够真正指导和教育人们的心灵。将文化的魅力与艺术的培养、创意和传统的延续有效地融合,通过提升学生的文化自尊和认同感来激发他们的独立思考,这对我们具有深远的应用价值和深远的时代意义。

高等教育美育以大学文化作为其重要的出发点和人文底蕴,通过在艺术和人文教育中深刻实施中华优秀革命文化、传统文化和社会主义先进文化教育,使大学生能够更全面地了解文化的演变和革命进程,吸收先进文化和艺术的精华,从而保持高度文化自信,成为卓越传统文化的传承者和推广者,以及新时代文化的贡献者和创造者。这些引导理念鼓励了众多学校的大学生们坚守他们生命的自由和活力,自主地提升自己的文化素养和精神深度,从而提高自己的思维层次和人生观念。因此,高等教育机构在美育上的主要目标是文化对人才造成的影响。

第四节　高校美育的现状与发展趋势

美育,也就是审美教育,旨在教授学生如何合理地欣赏和创造出美的内容,通过教学来培养学生的智慧,熏陶他们的性格,提升个体修养,并进一步促进社会的进步。

一、当前我国高校美育存在的主要问题

(一)对美育认知存在着问题

虽然美育已被列入教学计划,但很多学校并没有重视美育教育。在这个以经济发展为核心的时代,人们逐渐形成了直接关注效果的习惯,更倾向于对技术能力的培养,而忽视对人文素养的培育。众多的学校选择

将审美教育的课程视为公众可以选课的科目,这种做法意味着美育看起来似乎并不那么重要,这导致了学生对审美教育产生了轻视态度,这也导致了教育者对美学教育的目标模糊,认为审美教育并不能真正实现预期的效果。

(二)美育课程存在问题

过去,高等教育机构在开展美育时往往匆忙,稍显急躁,盲目跟进。由于培训的师资不足,经常是每个人只开设一科课程,缺乏相互沟通和学习的能力,问题至今仍未得到妥善解决。目前,在我国的高等教育机构中,美育课程是已开放的,然而课程架构呈现不稳定状态,并且课程设计相对随意;不同的课程间缺少充分的沟通和统一的逻辑;许多课程缺乏合适的使用材料,有时候甚至完全无需教材;由于各门教程没有遵循统一的教育大纲,其内容并不标准化;课程的评估和得分记录既不标准又缺乏严格性,这些情况同样对美育的效果和声誉产生了不利影响。

(三)美育管理上存在问题

至今,许多高校在美育管理上并没有固定的规章制度可遵循,这导致很多大学在从管理层到实际的管理环节里,都存在着认识的模糊性、被过度要求和不明确的实践性。审美教育的核心目标没有明确地设定。这种状况在一定层面上限制了美育在大学生品质培育上的重要性,并导致了资源的不必要损失。据资料显示,尽管多数教育机构只希望开设美育课程以满足教育部的相关规定,但对于管理流程却相对宽松,美育课程大多数是校内选修,晚上进行授课,几乎未进行有效的教学管理。高等教育中的美育教育普遍缺乏必要的支持和保障,且缺少相应制度的约束与监管。单纯依赖美育教师的自我约束与不懈努力是绝对无法满足教师要求的。

(四)美育研究存在问题

高校美育研究的发展相对滞后,相比于德育、智育和体育等领域,其研究基础较为薄弱且分散。目前,关于美育在人才培育和教育体系中的角色、美育的发展现状及成熟路径、提升美育质量和效果的方法、美育的根本目的以及审美素养与构建和谐人生之间的关系等问题,缺乏深入探讨。

尽管高校美育重建已经实施了十多年,但其旨在提升学生综合素质和推动全面发展人才的目标尚未完全实现,仍有较大的改进空间。

二、我国高校美育的发展趋势

在我国的大学里,美育的未来发展有两种可能的路径,它们受到人才培训的具体目标和策略的影响。如果我们的目标是培养经济实用性人才,那么对学生的艺术教育可能会受到损害,甚至仅仅是名义上的教育;如果坚定地致力于培育具有全面发展能力的人才,那么美育就会得到逐渐完善,进而促进人才的素质和修养得到进一步提高。

(一)美育因不能直接显示其实用价值而可能逐渐被削弱

高校培养人才的模式是根据社会气候的风向标转动的。目前的社会对于人才的需求普遍是缺乏长远的实际行动,但只要他们具备扎实的专业知识,掌握了必要的技能,能够实践并产生经济效益,那便已足够了。受其影响,现在高校人才培养正创建一种新模式,围绕培养"卓越工程师"打造专业精英人才的目标,做所谓"实用型"教学计划,很多非专业教育都被削弱,何况原本就被认为是装饰高等教育的美育,很难免于被冷落的命运。

(二)美育因独具的功能而可能跃上一个新台阶

美育对心灵的熏陶、塑造人的性格、构筑和谐的生活,以及对知识和事业的成长等方面,都扮演着不可或缺和长期的角色,这一点,许多人都有深刻的体会。很多杰出的科学家们的学术成就都得到了审美修养的深刻启示和熏陶。当公众渐渐明白,只有基于长期的培养机制,美育才能被视为人才全面进步中的核心部分,并需要进一步加以加强和完善。

(三)美育重进高校,来之不易,需要多方的坚持和完善

目前高校美育正处在发展的又一个十字路口,上质量、上层次,提高实效性是关键。为了满足我国的实际需求,我们需要深入地进行市场调查,明确事实真相,综合分析得出的优缺点,并密切关注我国的国内和国

际状况。这样,我们能从国内外的成功经验中汲取灵感,重新组织美育的资源,并梳理其中的相互联系。这将有助于进一步优化课程的质量和层次,丰富教学内容和方式,并且鼓励教师既继承传统也勇于创新和突破。倘若如此,艺术教育的新篇章便将降临。

第五节 高校开展美育的意义

大学阶段是学生人生中的重要阶段。在这一阶段,各大高校不仅要培育大学生的职业技能,还要教授大学生理论知识,更重要的是使大学生具备完善的人格,这要求各大高校重视美育在教育中不可代替的作用。

一、以美育塑造健全人格

蔡元培指出,教育是培养人格的一项事业。人们的人格不仅受到后天的教育所塑造,而且还会受到来自社会环境和生物遗传两种因素的共同作用。美育不只是有助于促进大学生高尚道德的成长,它还助力于对人格的培养。

(一)提高大学生的道德修养

人到底是为了自己而活,还是仅仅为他人或是整个社会而活?这是对每位大学生而言,不可避免地需要正视和给出答案的疑问。形成社会道德标准的核心要素,使用人们在同一个集体内生活时,能够和谐地维护群体与个体的互动关系。大学生若想拥有高尚的道德品位,就必须在日常生活中妥善处理个人利益与集体利益之间的关系。

美育能够提高大学生的道德修养。评估一个人的道德观念时,不只是从他的日常行为出发,我们也要考虑他是否有能力进行积极的个人成长和对社会作出贡献。如果道德教育能通过教育方法去规范人们的每日活动,那么审美教育就有可能提升个体的审美水平,助力他们塑造高尚的生命理想。同时,若德育通过理性教导为大学生灌输伦理理念,那么审美教育的目标便是通过形象的感染来激励大学生。美是从人类出生那刻起,都深深追求的概念,只有当大学生对美有了深入的情感体验,他们的道德行为才得以实现。

(二)塑造大学生的健全人格

在心理学中,人格是指"个性"大学生要想健全人格,就需要其各方面的人格能协调发展,具体表现在能够客观和正确地了解他人、社会、自我,有积极的生活目标具有创造力和责任感等方面。

美育不仅是对大学生性格进行完善的重要工具,而且它具备了独到的教育意义。对于大学生来说,塑造一个完整的个人品质的终极目标是追求真实、善良以及美好。美丽的事物能够引领我们走向真理,我们在创造美的旅程中,始终与真理保持紧密联系,最终将真理融入我们的人格中。美能容纳善的力量。美育使大学生以积极的心态面对世界,实现人生价值;还能够使大学生在美的感受里,展现人格的"美"。与此同时,美育用默默奉献的形式,使人的教育在不知不觉中受到影响。在这种状态下,大学生的身体和心灵都可以得到和谐发展,有利于健全人格的形成。

二、以美启智提高创新能力

在当前的信息普及和经济融合的背景下,创新已成为推动人类社会前行的永恒驱动力,同时也是人才的培育和国家持续发展的当务之急与不可或缺的需求。因此,对于中国的高等教育机构来说,一个核心目的是培养富有创新思维的人才。美育能够激发大学生的思维,激励他们追求真知,因此,美育被视为最有效的教学手段,来培养他们的创意思维和能力。

(一)提高大学生智力水平

从某种角度看,美育有助于激活大学生的右脑潜能,推动大脑的均衡成长,增强大学生的智慧。知名心理生物学家罗杰·斯佩里博士通过进行裂脑实验,证实了人类左脑和右脑在思维模式上有着显著的差异:右脑专注于形象思维,而左脑则是抽象思维。因此,人的左右脑能够紧密协作,共同完成各种复杂的创造性任务。然而,长期以来,由于人们重视左脑的功能,左脑和右脑的发展并没有达到一个平衡的状态。在学校教育体系中,学习被置于核心地位,导致左脑得到了充分的开发,而右脑则被相对忽视,从而阻碍了创造性思维的成长。很多接受过高等教育的个体,他们往往依赖左脑来完成右脑应当承担的任务,如果这种情况持续下去,右脑很难得到适当的培训。他们不但在理性思维中没有丝毫创造力,在形象思维活动中也毫无优势可言。①

美育可以为大学生带来多样化的形象信息,提供多种感官渠道。这很好地提升了大学生对事物的敏感性和感知性。例如,长期接触音乐可以调动大脑的不同区域进行协作处理,从而增强左右脑的合作,提升智力。

(二)提高大学生创新能力

美育通过启发大学生直觉灵感和增加其知识储备,来达到提升大学生创新能力的目的。蔡元培曾经提到,他经常可以看到专注于科学然后再接触美学的人,而只专注于科学的人则过于偏向分析、概念与机械的作用。后者不仅对科学没有创造精神,就连自己都没有丝毫兴趣。② 爱因斯坦坚信,在他的科学研究成果中,大量的灵感和热情其实都是受到了音乐的启示,这使得他认为自己在物理学上的杰出贡献不仅局限于抽象思维的逻辑推理和推导阶段,还体现在对音乐的无尽热爱和创新的思考。

美育在培养大学生丰富的想象力、精妙的灵感、敏锐的直觉方面发挥着特殊作用。创新成功的关键因素包括直觉、直觉、创造性思维以及其他非逻辑性的元素。在审美探索的旅程中,大学生能够通过他们的想象力深刻感受到事物蕴含的美感。借助想象力,我们可以更有力地帮助大学生拓宽他们的思考边界,并进一步提升他们的创新能力。大学生在审美鉴赏方面的能力越高,他们对于美的创意和感知就越敏感,这也更有可能孕育出新颖的观点和思考。另外,美育不仅仅是为了拓宽大学生的知识范围,它同样能够帮助他们开阔眼界。

因此,通过美育,大学生的非理性思考能力得到了深入锻炼。在进行美育教学时,教师应为大学生提供培养想象力的机会,引导他们深入理解

---

① 布莱克斯利.右脑与创造[M].傅世侠,夏佩玉,译.北京:北京大学出版社,1992.
② 蔡元培.通论:美术与科学的关系[J].绘学杂志,1921(3):16—18.

和洞察美的内在规律,从而进一步促进他们的创新能力。

三、以美健体实现美好人生

美育对大学生的身心健康有促进作用。当遇到困难时,在美育的影响下,他们可以用乐观积极的态度去面对,进而树立人生的崇高理想,实现美好的人生。

(一)促进大学生身心健康

英国著名的哲学家约翰·洛克曾提出,健全的精神要建立在健康身体的基础上,只有这样才可以有完美的人生。部分大学生由于长时间熬夜、晚睡晚起,作息失去秩序,从而使得他们的身体素质日益恶化;有些大学生面临学习缺乏自主性、人际互动较为复杂,以及难以融入校园群体生活的各种挑战。高校学生所面临的诸多问题均对他们的身心健康造成了影响。美育有助于显著提升大学生的身体与情感的健康状态。1977年,美国的恩格尔教授提出了生物—心理—社会医学模式,即疾病的变化与发生已经从生物层次渐渐深入到了社会和心理层次。逐步的人们意识到,心理健康是一个对健康或引发疾病起着关键作用的要素。比如说,人们在心理上可能会经历烦躁、抑郁、易怒和紧张等情绪波动,这些情绪都可能诱发多种健康问题,特别是在愤怒或高度紧张的场景中,这样的情绪波动可能导致人体机能出现混乱,进一步可能引发临床休克甚至致命情况。某些医学调查表明,当人们处于欢乐之中时,可以加强身体的免疫功能并确保身体处于健康状态。美育不仅可以在情感上产生相互共鸣,还能为人们提供情感上的引导,助力人们情感的自由宣泄。随着人们情感因素的逐渐释放,身体将开始分泌一系列对健康有正面影响的物质,这类物质具备多种益处,包括增进人体的血液循环、调控体温和血流量、增强胃肠道的蠕动活动以及增强新陈代谢速度,从而实现身体健康的多项目标。

例如,人们愈来愈重视艺术疗法这种很有用的辅助治疗手段。舞蹈疗法能显著缓解身体的疼痛感。音乐疗法可以有效地加速偏瘫病患的健康恢复训练进程。治疗专家通过精准控制音乐的律动来指导和调整患者步行时的步伐和节拍。长时间这样做,患者的部分肌肉功能将得到迅速恢复。此外,戏剧的演出还能够对心理进行调节。心理剧是心理治疗的一种手段,其中有些患者会在舞台上扮演一些特定的角色,通过在情感矛盾中的自发演绎,将其情感困扰暴露在舞台上,展示给医疗专业人士看。患者不只是能够宣泄自己的情感、缓解内心的自卑和压力,他们还应该提升在环境和危机面前的心理调整和适应的能力。

(二)培养大学生积极态度

通过美育,大学生得以深入反思和准确评估自己的内心世界,这也促进了他们形成更为积极的生活观念。美育的推广能够协助大学生形成对美好生活的积极认知。如果能为大学生提供一个长期处于美好生活中的环境,并将他们对日常琐事的关注转移,那么这将大幅提高他们的心态调节技巧,助力他们形成健康的生活哲学。美育有助于培育大学生健全的审美观点,让他们有勇气面对各种困难,并能持续地将美的对立面转化为美好,进而培养他们具有更出色的意志、耐心和坚定的精神。美育能帮助大学生带着积极向上的心去感受这个充满情感的世界,以美感来面对日常生活的挑战,从而保持年轻的心态和健康的身体,鼓励他们用乐观的心态面对生活的各种事物。

四、以美辅劳提升职业技能

此外,美育不仅能够培养大学生在工作方面创造美的能力,还能够培养大学生欣赏美的能力。在生产和劳动的过程里,大学生能够有自己的理解和审美认知,并且把这个理解和认知转变成具体的具备高度审美价值的物质形态(如劳动产品)。

(一)激发大学生工作热情

美育可以激发大学生的工作热情。马斯洛曾经指出,评判一个职业是不是有价值,就不能去看它的工具价值,得去看劳动者能不能因为热爱这个工作,而从工作里获得乐趣。[①] 美育帮助大学生更具感性,使大学生

---

① 马斯洛.人性能达的境界[M].林方,译.昆明:云南人民出版社,1987.

用更加积极的心理状态来面对和处理他们周围的事务。如果我们能够把工作转化为兴趣,而不是仅仅将兴趣转化为工作,那么这将极大地促进大学生在职场上保持热情。假如大学生不仅仅将劳动视为谋生的手段,而是将其视为在个人成长过程中实现人生价值的必经之路和关键阶段,那么他们将有机会在自己的职业生涯中获得情感上的满足。当这种满足感与劳动成果带来的愉悦感相结合时,它更有可能激发大学生对工作的热忱。

另外,美育不仅可以帮助大学生建立健康的人际交往,还可以提高他们的工作效率,这对于激发大学生在工作中的积极性是非常有益的。梅奥持有这样的观点:在不同的部门里,人们往往在不自知的情况下形成一个集体,每个人都有自己的职责、日常行为和习惯,而影响生产效率的因素不仅仅是薪资,还包括工作中的人际交往。在一个充满友善和团结的工作环境中,同事们能够相互支持、交流流畅,从而显著地提高了工作效率和积极性。

(二)提高大学生工作技能

美育不仅提升了大学生的审美意识,还在生产活动中产生了积极效应。以产品设计为例,设计师必须确保产品的外观、结构既要完整又要美观,且功能与内容协调一致,以便用户在使用过程中获得愉悦的审美体验。例如,设计师需考虑图形间距的适宜性、色彩搭配的策略,如何时使用间隔色、何时运用对比色等,这些都是对美学原则深刻理解和专业技术精湛的表现。随着"中国制造"向"中国设计"的转变,设计师的角色已不再局限于美术创作,而是需要具备高水准的审美标准。美育教育能够提升大学生的职业技能,赋予他们展现和创造美的能力,将审美文化融入到经济生活和生产实践,进而增强他们在职场上的审美判断力、创新能力和职业竞争力。

第二章 高校美育的基本理论

随着社会的不断发展,人才的标准也在不断变化,大学生除需要具备专业知识以外,还要有一定的创新能力、交际能力、乐观积极的生活态度,其中美育可以发挥重要作用。本章内容为高校美育的基本理论,分别介绍了当代高校美育的概念和特征、当代高校美育的目标和内容、当代高校美育的功能与原则三个方面的内容。

第一节 高校美育的概念和特征

一、当代高校美育的概念

所谓高校美育,就是指在高校中对学生进行美的教育,帮助学生形成正确的审美观念,陶冶情操,净化心灵,培养他们发现美、感受美、欣赏美、创造美的能力。

(一)高校美育是高校人文素质教育的基本方面

人文素质教育以哲学素质为根本,包括世界观、人生观、价值观与方法论定位,而审美素质则表现在感情或感性层面上。审美素质与其他方面素质一样也是人所特有的能力。审美素质属于全方位综合素质,它有着其无法取代的特定内涵与要求。美育作为一种教育形式,在大学生的思想政治教育中有着极其重要的地位,并发挥着其他学科所无法代替的重要作用。高校美育在全面培养人才方面发挥着特有的功能。在我国高等教育中实施美育是实现大学生人格完善的重要途径之一。美育的作用是以美启真,以美储善,以美怡情,美育有助于智力结构,意志结构的确立,有助于科学与道德发展,因而美育是人的全面发展的必由之路。

美育能够提高大学生的文化修养、思想道德品质、审美意识、艺术鉴赏能力及创新精神与创新能力等。美育可以推动学生发现真理,创造科学美;美育能通过图像的感染、情绪的刺激,引导他们自觉净化心灵,遵循社会道德原则,规范行为规范;美育还有助于培养学生高尚的情操,陶冶他们美好的感情,从而促进其身心健康的和谐发展。美育可以让学生获得情感体验,陶冶性情,培养审美能力。

(二)高校美育是教育发展的需要

随着社会的发展,人们对于教育的要求也越来越高,现代美育,已经不仅仅是之前所说的包含艺术与情感的教育了。目前,现代美育涉及越来越多的方面,其性质越来越综合化、多元化。在高校中进行美育,主要就是指向学生展示各种美的事物,让学生对于美有一个基本的概念,然后潜移默化。美育可以陶冶情操,净化心灵,使学生在耳濡目染之下能够掌握分辨美的能力,能够获得美的感受。

(三)高校美育是塑造完美人格的需要

在高校中,对学生进行审美教育,能够帮助学生塑造完美人格。大学生虽然在生理上已经成熟了,可以说是一个大人了,可是在心理上仍然还有着一定的不成熟。大学时期,是学生的世界观、人生观、价值观形成发展的关键时期,因此在高校对学生进行审美教育,对于其三观的形成有着重要的促进作用,有助于其形成良好的、健康的三观。在高校时期对学生进行审美教育,对他们有着重要的影响,甚至可以说是具有终身意义的。经过高校美育之后,学生受到美的熏陶,能够分辨美与丑,在心底里形成一种高尚的人格,抵制不良的思想和精神的污染。

二、当代高校美育的特征

当代高校美育并不是单一的、平面的,而是综合化的、多元化的,它包含了众多方面,是一个矛盾的统一体。要了解高校美育的特征,就需要从以下几种关系中来进行分析。

(一)坚持独立性与渗透性的辩证统一

美育的独立性,是指美育作为教育体系的一个重要组成部分,拥有一套比较独立的课程体系与理论体系,这是美育教学能够顺利展开的基础。但是,美育并不是一门纯粹的、独立的学科,它与很多其他学科有着较为紧密的联系。比如,艺术美学与艺术相关学科有着一定的联系,逻辑美学与数学相关学科有着一定的联系,生态美学与环境相关学科有着一定的联系,文学美学与文学相关学科有着一定的联系,等等。美育是一种无功利性的教学,它不仅包括对学生审美力的培养,还包括对学生人格的养育。其中,对学生审美力的培养主要依赖于美学学科本身的理论知识与技能,而对学生人格的养成则需要依赖其他学科对于审美视点的发掘、培植。所以,对学生进行美育教学需要所有学科老师的共同努力。我们要将美育教学贯彻落实教育的全过程,培养学生形成正确的审美观念,促使学生养成良好的审美习惯,陶冶情操,净化心灵,提高学生的审美素养与审美能力,帮助学生塑造出一个高尚的人格。同时,审美教育还有助于帮助学生建立一个良好的三观,开发人的智慧,拓宽人的思维,促进学生身心健康成长。

因此,在当代高校美育教学中,要坚持独立性与渗透性的辩证统一。一方面,坚持高校美育教学的独立性,以美学学科本身的理论知识与技能来对学生展开讲解与叙述,体现美育的独特特点;另一方面,坚持高校美育教学的渗透性,将美育教学贯彻落实到教学的全过程,在各个学科都展现出美育的理念,实现美育的过程,收获美育的成果。对于当今高校美育教学来说,要加大改革力度,不断调整教学规划与课程体系,合理设计教学目标,将美学教育有机地融合于不同学科的教学内容之中。美育融入其他学科教育之后,在学科教学之时,学生就能够有意识地观察其中所蕴含的美,并且能够加深对其的认识与了解,促进学生个人素质的全面发展。

(二)坚持共性与个性的辩证统一

在美育教学中,教育者往往会根据当前社会的普遍标准及不同年龄段的学生的生理与心理特点来制定一个统一的教育目标,然后又依据这个教学目标制定对应的教学内容与教学方法,对学生进行美育教学,培养学生建立正确的审美观,促进其形成良好的审美情趣,提高其审美素养与审美能力。但是,人与人是不同的,即便是同一个年龄段的学生,他们的想法与观念也有很大的不同。每一个学生都是一个个活生生的个体,他们有自己独特的个性。在美育教学中,要想使每一个学生都能够积极地接受美育教学,就必须尊重学生的个性,注重个性美的弘扬、引导,因材施教。

在美育教学中,美育的审美对象本身便是丰富多彩、富有个性的。比如,以音乐、书法、美术等为对象的艺术美,以山水奇石、花鸟虫鱼等为对象的自然美,以各类建筑、公共场所等为对象的社会美,等等。而且,审美主体本身也是在不断变化的,随着时间的推移,大学生的生理与心理逐渐成熟,他们接受的知识越来越多,经验也越来越丰富,审美能力不断发展,审美观念不断变化,其审美心理表现出很强的不稳定性与可塑性。

在当代高校美育教学中,要坚持共性与个性的辩证统一,需要做到两个方面。第一,在对学生进行美育教学时,要因材施教,针对不同学生的个性与兴趣爱好等特点,以多种方式进行美育教学,提供多种美育途径,引导着学生更加积极地投入美育学习之中。第二,要改进应试考核评价方式,强调个性化,建立个性化的学习评价体系。

(三)坚持引导与体验的辩证统一

在美育教学中,教师的引导十分重要,首先要让学生清楚什么是美,也就是引导学生认识美。教师充当的是引导者的角色,在教会学生认识美的基础上,逐步引导学生去发现美、感受美、创造美,培养学生形成良好的审美情趣。在课堂上教授给学生各种美学知识,通过开展各种审美实践活动,培养学生的审美习惯,不断锻炼学生,将美学知识与审美实践活动相结合,在课内与课外对学生进行美学引导,对学生进行审美教育。

在美育教学中,学生的体验也十分重要。俗话说,世界上没有真正的感同身受,任何事情如果自己没有真正体验过,就无法想象到当时内心最真实的感受。由于个体差异,每个人对于美的体验是不同的,不可能拘泥于一种。在美育教学中,教师要引导学生亲身真切地感受美、体验美,从中获取到自己内心最真实的感受。苏霍姆林斯基就主张引导学生到大自然中去体验美,大自然中具有丰富的美学资源,人是大自然中的一个个体,人们到大自然中去感受美,能够增加自身与美的联系。

在美育教学中,教师的引导与学生的体验都很重要,无论缺失哪一项,都会对美育教学产生不好的影响,因此在高校美育教学中,要坚持引导与体验的辩证统一。

(四)坚持时代性与高尚性的辩证统一

如今的社会是信息化社会,人们的生活节奏加快,越来越繁杂的信息充斥在人们的生活之中,其中既有低俗的文化信息,也有高雅的文化信息。大学生必须学会分辨低俗信息与高雅信息,接近高雅信息,摒弃低俗信息,不断培养高雅的审美能力。

在美育教学过程中,除了要坚持高尚性,还要注意时代性问题。在不同的时代有着不同的审美,审美往往具有时代性。在当代高校美育教学中,审美要符合当代的要求,满足大众的审美需要。审美的时代性,是针对大众文化而言的。这种大众文化,无时无刻不存在于日常生活中,随处可见,大到一座建筑,小到一块砖石,从公共场所延伸到个人的外表,是审美的重要对象,审美通过这种形式展现在人们眼前。它是大学生美育的重要载体。通过这种随处可见的美育载体,大学生也在不断地接受着美的教育。这种到处存在的美是大学生美育的宝贵资源。教师在挖掘和使用这种美育资源来对学生进行教育时,要把握两个原则:第一,针对美育中美的客体而言,要坚持高尚性;第二,要引导学生形成一种良好的审美态度,使学生能够从中接受美的教育。对于学生来说,一个良好的审美态度,有助于他们与大众文化建立审美关系,如蒋孔阳所言,"实用的态度是一种实用的关系,科学的态度是一种认识的关系,而美感的态度则是一种审美关系"①。

美育要坚持时代性与高尚性的辩证统一,就是说美育在坚持高尚性的同时,也不能脱离社会的现实性,要充分吸收大众文化的优秀成分,满足大众的审美需要。

(五)坚持课内与课外相结合

对学生进行美育,不能仅仅依靠课堂上的学习,还要注重对于课堂外的美育活动的开展,要坚持课内与课外相结合。近些年来,对于素质教育方面课内与课外相结合的课题,国家越来越关注。课内教学是进行美育的主要渠道,美育的部分知识内容都是通过课堂教学进行教授的,不容忽视。在美育教学中,需要强调的一点是高校美育教学不能仅仅包含艺术教育,还要挖掘更多学科的审美教育,如历史、文学等方面的审美教育等。要对学生进行审美教育,必须经过长期的规划研究,这样它才能够被正式纳入学校的教学计划之中。在课内,要选择具有较高教学水平的教师来对学生开展美育教学工作,教授给学生与美育相关的教学知识与技能。在课外,要开展丰富多彩的美育活动,锻炼学生的美育技能。学生也可以在课下自主学习美育的知识与技能,多多参与美育活动,参加各类社团与艺术实践活动等。可以将课内美育教学与课外美育活动相结合,不断培养大学生的兴趣爱好,培养他们的审美情趣,提高他们的审美欣赏与审美创造能力。

(六)坚持校内与校外相结合

在对学生进行审美教育时,要坚持校内与校外相结合。如果仅仅是在校内进行审美教育是远远不够的。教师可以引领着学生到校外,去感受社会及自然的美。社会上鱼龙混杂,各种类型的人都有,社会美是丰富

---

① 蒋孔阳.美学新论[M].北京:人民文学出版社,1993.

多彩的,它是一个绝佳的实践场所。教师将学生带到社会上,鼓励学生将课堂上所学的内容尽数地实践于此,不断增长经验,积累才干,在社会中不断地去体会人生的美。

社会,是学校美育的重要场所。在校外对学生进行审美教育主要可以从四个方面进行。第一,引导学生寻找和欣赏大自然中的美。大自然中有山水奇石、花鸟虫鱼,还有许多自然形成的奇幻景象。学生到大自然中去寻找美,可以增进与大自然的接触与了解,解放天性,回归自然。第二,在劳动中感受美。劳动,原本就是中华民族的传统美德,在劳动中学生能够获得美的享受,得到一种比较充实的快乐。第三,可以将校外的一些美育资源引入校园之中,提高美育资源的吸引力,增强学生的兴趣,拓展大学生美育载体。第四,如今是信息时代,网络空间内信息十分全面,教师可以将网络空间内的一些美育资源引入到课堂上来,对学生进行审美教育。教师还可以鼓励学生在课下到网络上进行自我审美教育,不断强化"网络"这块重要的美育阵地。

第二节 高校美育的目标和内容

与体育、德育、智育等不同,美育是一个比较特殊的学科,它与很多其他学科有交叉关系,但是它又具有相对独立性。它拥有着系统的、独立的目标体系、内容体系、方法体系和载体体系。下面,主要对当代高校的目标和内容体系进行简要分析概述。

一、当代高校美育的目标

在高校美育教学过程中,目前我国高校就是美育目标应具备的根本取向,始终如一地推动人的全面发展。这一总体要求若想在审美教育中得到具体落实就要通过对学生审美意识的引导、审美活动的指导和美感能力的提高来实现。同时,完善人格之养成也从另一侧面为高校美育提出总目标,也就是时刻围绕着大学生的人格养成而展开,以及围绕大学生人格完善所选择的美育目标而设计等,它是制定美育目标最重要的依据。因此,在构建大学生人格过程中,我们必须以"人格健全"作为其重要价值取向。鉴于新时代大学生在时代人格中体现出的富有人文关怀、积极向上、自主和谐、性格开朗、热情奔放等特点,高校美育目标由下列三个层面子目标构建而成。

  第一个目标,就是指要提升学生的审美需要层次。一个人的审美需要层次,往往与他的性格、家庭背景、学历背景、日常生活等有着很大的关系。在高校美育教学中,要提升学生的审美需要层次,就需要了解学生的情况,关注其审美认知的内在动机。对于一个学生来说,其审美心理是自然而然形成的,需要学生调动自身的积极性和自主性。因此,对学生进行美育教学,不能强硬地将美学知识灌输给学生,这样容易引起学生的逆反,不利于美育教学的进行。教师应该充分重视学生审美意识的自由发展,使学生能够自主进行学习,建立内在的审美人格,提升内在的审美需要。

  第二个目标,要促进学生的全面审美情感与审美判断,协调学生人格发展中的多个要素共同发展。在对学生进行审美教育时,要培养学生的人格全面协调发展,促进其人格的不断完善。

  第三个目标,在高校美育教学中,逐步引导学生的人格向着理想的稳定化、普遍化发展,使学生形成的人格逐步适应社会的发展。与前两个目标相比,这个目标显然层次更高,它既是审美需要层次提升的结果,也是审美判断和审美情感处于高级阶段的确证。

二、当代高校美育的内容

  随着社会不断发展,关于高校美育的内容越来越多,如今是信息化社会,网络信息更是丰富,学生不仅可以在课堂上学习到美育相关内容,还可以自主地在网络上进行学习与练习,自由度大大加强了。在这种开放的学习氛围下,大学生的审美需求也在日益发展之中,因此在审美教育目标的指引下,教学内容的丰富与发展更是重中之重。

第二章 高校美育的基本理论

在对高校学生进行审美教育时,要根据学生的生理与心理特点进行教育,选择适合他们的教育内容。高校美育的教育内容主要可分为三个方面,分别是审美认知教育、审美情感教育和审美实践教育等方面的内容设计和实施。

(一)审美认知教育

要想了解审美认知教育,就要首先了解什么是认知,什么是审美。第一,认知,是指人们认识活动的过程,对某一知识的认识与了解。这种认知,既包含静态的知识,也包含动态的过程。关于认知的理解,不同的学者有一些不同的看法,其中比较具有代表性的观点有以下几种。陈菊先认为:认知(知识)的发展,说到底是结构的发展,是结构的不断扩展和螺旋上升的建构。张春兴认为,认知即"认识""学习",指个体经由意识活动对事物认识与理解的心理历程。从静态的角度看,认知即"知识"或"信念"。认知包括从低级的感知过程到复杂的言语及问题解决过程,它是个体知识经验积累的前提;个体在认知活动过程中获得的各种认知结构或图式,既成为其知识经验的一部分,同时也是人格及其他个体差异发展的基础。第二,审美一词源于古希腊,原意为感性。18世纪德国哲学家亚历山大·鲍姆加登(A. lexander. Baumgarten)提出,用为美学之意。对于审美的内涵学术界也存在一些分歧,主要有以下几种观点。李泽厚认为审美是人性总结构中有关人性情感的某种子结构。周燕认为,审美是一种与现实的非功利关系,使人在感性直观中享受精神上的愉悦和快感。但是最后都可以归结为审美是一种情感活动,同样审美是一种认知活动。审美认知是指在已有的审美认知图式下对审美情境中与审美主体产生审美关系的客体的欣赏和认知,包括感知、判断、推测和评价在内的审美心理活动,而不仅仅局限或等同于其中的某一过程。

通过上面这些叙述,我们可以知道,审美认知教育,实际上是一种审美信息加工活动,在审美活动中,当看到一个美的物品时,大脑就会将这些美的信息进行输入、编码、转化、储存等。审美认知教育,就是指在审美活动中,对于受教育者的认知过程与接受过程的教育实施。审美认知教育的目的是促使受教育者形成一个审美心理认知结构,它主要对审美活动起着支配的作用。在审美活动中,审美认知教育是一个十分重要的环节,对于形成正确的审美感受与审美意识有着重要作用。

(二)审美情感教育

审美情感,就是指通过欣赏某些美的事物,审美主体在心底里产生的某种情感,它是在审美活动中自觉获得的内在心理感受。审美情感教育,则是在审美教育中,促使学生如何在心底里产生这种特殊的情感。审美情感,主要产生于审美实践活动中,它引导、规范着主体的审美实践活动。一般情况下,审美情感教育主要包含审美关爱教育、审美理想教育和审美修养教育等。下面,对这几方面的内容进行简要分析。

第一,审美关爱教育。所谓审美关爱教育,就是指教师要教会学生学会关爱他人、真诚待人、与人为善,从而形成一种良好的人格修养。与一般的审美认知教育不同,审美关爱教育主要注重的是人格本身与审美情感的内在契合。

随着社会的发展,人们的生活条件得到了一定的改善,社会发展也出现了一定的变革,这改进了人们生活中经常出现的一些问题,但是目前高等教育内容方面仍然存在着一些问题。在现行的教育内容中,关于实用性和功利性的内容较多,对于关爱、真诚等方面的教育却比较少,这对于大学生的身心发展是不利的。而且,现在大部分学生都是独生子女,他们被父母宠爱着长大,过于以自我为中心,不会考虑其他人的想法,在人际交往方面很容易出现一些问题。要改变这种情况,就需要对学生进行情感教育,重视对于关爱、真诚等方面的教育。在高校审美教育中,要对学生进行审美情感教育,培养学生的关爱、真诚等情感,可以通过一些志愿服务活动来进行,如高校可以组织一些爱心募捐、社区服务、敬老助残等活动,这样既可以对学生进行审美关爱教育,培养学生的审美情感,同样还可以对学生进行道德教育。另外,学校还可以潜移默化地对学生进行熏陶,如可以在美育课堂上、校园文化环境中引导学生培养审美情感,帮助广大学生形成健康的人格。在丰富多彩的关爱教育活动中,通过不断地熏陶,学生能够学会关爱他人、真诚待人、尊重老师、与人为善,从而将这些行为融入自己的习惯之中,形成一种良好的道德品质。在长时间的教学之中,学生能够自觉地具备关爱的意识,能够发自内心地关爱身边的人或事,有利于大学生自我人格品质的完善。

第二,审美理想教育。它是一种审美意识中居于最高层次的审美范畴,是审美经验的高度概括。审美理想是在社会实践中产生的,准确来说,审美理想的产生过程,也就是人们不断地认识现实、产生理想、实现理想的过程。在这个过程中,人的审美经验也在不断凝结与升华。审美理想是一种比较抽象化的东西,必须借助于现实社会才能够完成,要实现审美理想,就需要将审美理想"物质化",使人们可以接受它,并且通过审美理想来反映现实的艺术。

在人的认知活动中,审美理想发挥着重要的引导与推动作用,它推动了很多重大科学发明的实现。正是由于对科学美的这种追求,再加上自己的精妙计算与推断,才推动了科学的进步。关于审美理想教育的影响,爱因斯坦曾经这样说过:"所有这些努力所依据的是,相信存在应该有一个完全和谐的结构。今天我们比以往任何时候都更没有理由允许我们自己被迫放弃这个奇妙的信念。"[1]审美理想,是人的一种艺术直觉,它存在于人的内心之中,它以审美经验为基础。对于审美活动来说,审美理想是一种前提条件,为审美活动提供标准。在审美活动进行之前,审美理想就应当已经形成。另外,由于审美理想是审美认知活动的标准与尺度,所以在审美认知活动中,审美理想能够产生比较重要的影响。审美理想对于大学生人格的形成也有着重要的影响,因此在审美情感教育中,一定要树立积极向上的审美理想,促进大学生形成一个理想的人格。

第三,审美修养教育。一般情况下,修养是指人的综合素质,人们经过对内心思想与外在行为的改造从而修炼达到的一种品质与素养。审美

---

[1] 爱因斯坦.爱因斯坦文集:第1卷[M].许良英,等译.北京:商务印书馆,2009.

修养教育，是指在对学生进行审美教育时，要有意识地促进学生心理上的完善与发展，从而使学生在心理上达到一种高品质与高素质的状态。在审美教育过程中，审美修养教育是一个十分重要的目标。关于审美修养教育，在我国古代便已经开始了，如孔子曾经提出"修己以安人""文质彬彬，然后君子"等重要思想，以审美教育的理念作为导引，引导人们构建个人的多方面修养。还有很多其他学者也都强调过审美修养教育思想的重要性。在学生审美情感教育过程中，要对学生从外在举止和内在气质修养两方面进行要求，帮助学生建立一个正确的审美修养标准，并按照这个标准来严格要求自己，逐渐养成习惯，从而形成一个理想的人格。审美修养教育与道德教育不同，审美修养教育并不是强制的，而是潜移默化的，通过环境的熏陶来不断影响学生，尊重学生的个性发展，引导学生主动提高审美修养，自觉按照心中的审美修养标准要求自己。

审美情感教育的目的是促使人们不断追求，最后找回人的本性。通过审美情感教育，人们可以达到一种和谐的状态。

（三）审美实践教育

审美实践，就是指通过人的自主性实践，从而使人们逐渐体会到其中所蕴含的美的内涵的过程。审美实践教育，顾名思义，是指在审美实践活动中对学生进行教育。审美实践教育可以有效促进感性发展，实现审美情感教育，从而促进完整人格的形成。在现代社会，随着科技的不断发展，人们的交流越来越密切，然而由于人们逐渐陷入数字与图像的包围之中，使得人们的审美感官越来越迟钝，对于现实生活中的美的事物缺乏感知力，这不利于人们的审美观的形成。因此，在审美教育中，当务之急是培养人们对于外部世界的感知能力，这是对人们进行审美教育的基础。在审美实践教育中，包含审美体验、审美创造等环节。审美实践教育是功利与超功利的统一与结合，它既内合于美的无功利性，又指向人格养成这一功利性目标。

每一个人都存在于社会之中，与社会上的人或事存在着一定的联系。因此，在审美实践活动中，社会美十分重要，它是审美实践的重要环节。人的生命，是一种自然生命力，但是在人类漫长的进化过程中，社会逐渐出现，人们的这种感性生命也在不断受到社会的约束，社会文化内容也在不断积累沉淀，从而形成许多不同的文化内涵。在这个过程中，人的感性能力也在不断发展，其中渗透着许多理性要素，如判断力、理解力等。

审美教育就是要激发人心中非理性的要素，以审美的形式解放人的感性因素，并不断提升人们的感性能力。在美育实践过程中，促进学生的感性发展主要有两个层次：第一，要满足学生基本的感性需要；第二，要提升学生的感性能力。其中，第一个层次是第二个层次的基础，第二个层次又会反作用于第一个层次，也就是说，要想提升学生的感性能力就必须首先满足学生基本的感性需要，这是基础条件；当学生的感性能力提升之后，学生又会获得更高层次的感性满足，这两个层次之间是相互促进的。目前，我国的美育实践主要偏向于对知识与技能的教学，而忽视了学生个人的审美需要，这种教学方法没有考虑学生的感性需要，过于枯燥，不利于对学生审美实践教育的教学。由于校内的审美实践教育无法满足学生的需要，学生不可避免地将更多的目光转向校外，从而受到大众美育的影响。由于社会上的大众美育往往比较纷繁杂乱，信息良莠不齐，学生很容易会受到一些消极因素的影响，从而影响审美实践教育的正常进行。

审美实践教育的主要目的是发展学生的感性能力。因此，在审美实践教育中，要时刻注意尊重学生的个性。因为，感性包含于个性之中，如果学生的个性被磨灭，那么感性也就无从谈起了。在审美实践活动中，还要注意向学生展现直观的审美形式，这主要是因为直观的审美形式能够促进感性因素充分表达自己。因此，在审美实践教育中，要促进感性的发展需要做到以下三个方面。

首先，尊重和培养个性。感性寓于个性之中，要想促进学生感性的发展，就必须尊重和培养学生的个性。一般情况下，在所有教育中，真正尊重个性、建构个性并强化个体本体意义的教育就是审美教育。尽管智育、德育等方面的教育也提倡个性化的教育，但是与审美教育相比，它们的个性化教育还是有很大区别的。在智育教学中，尽管提倡以个性化的方式来看待这个世界，但是它们最终还是要归纳总结为具体的某一个真理性知识。在德育教学中的个性化教育不仅具有方法论意义，其最终目的都是建立一个普遍的道德伦理规范。在审美实践教育中,这种个性化的教育体现在很多方面,如个性的直觉与洞察、个性的眼光、个性的体验等。如果没有个性,也就没有审美,审美教育也就不复存在了。

其次,要尊重学生的感性需要,完善学生的感性机能。感性,包含生理与心理两个层面,它是一个贯通精神与肉体的个体性概念。所谓感性机能,就是指人体产生的想象、情感、知觉等机能。感性机能,往往包含两个方面:既包括感官层面的机能,也包括情感体验方面的机能。要对学生进行感性教育,就是既要促进学生进行生理机能的完善,还要促进学生心理机能的完善。在审美教育活动中,要始终尊重学生的感性需要,关注学生的生理机能与心理机能,对个体的人格、人性做整体性观照。

最后,要运用直观的审美创造影响学生的观念意识,让学生能够形成一种良好的审美趣味与观念。审美实践教育是一种感性的教育,在对学生进行审美实践教育过程中,不能以逻辑结论为主旨,而是要把握住审美对象的内在蕴含信息,以感性的态度对审美对象进行理解与感悟。不过,在教育体系中,大家都已经熟悉了通过概念、推理等理性的形式来认识世界、了解世界,从而忽略了体验、实践等直观的形式。实际上,与概念、推理等形式相比,这种直观的形式能够让人们的印象更加深刻,其蕴含的内容观念也更加丰富。因此,在审美实践教育中,要多以这种直观的形式来进行美育,它们不仅能够发挥更加直观的作用,同时还能够让人们在目前理性的单一形式看待世界的背景下采取一种与众不同的方式看待世界。从这个意义上来说,审美教育是一种感性教育。

第三节 高校美育的功能与原则

一、当代高校美育的功能

(一)美育的教育功能

1. 美育是感性与理性的统一教育

美育是感性和理性协调统一的教育。其中,感性,就是指根据个人感情来看待事物,比较主观;理性,就是指不掺杂任何个人感情,根据现有的知识与经验来对某个状况进行客观的具体分析,冷静面对。首先,美育具有完整性与和谐性。在对人进行美育教学时,其途径是通过使人的心灵得到和谐与自由,从而不断完善他的人格。其次,美育具有感性与理性。当面对某个事物时,它能够给人们带来一种直观的美的感受,发展人的创造能力,感染人的理性世界,从而将人文精神与科学精神完美地结合在一起。

第一,以形象感化人,善在其中。在对学生进行审美教育时,教师向学生展示何为美、何为丑,学生了解了美与丑的标准,能够分辨美丑。在审美教育中,学生接触到许多美的事物,这些美的事物深入他们的脑海中,潜移默化地感染着他们、教化着他们。而且,这些美的事物在社会生活中也可以看到很多鲜明的实例,它们往往以一种鲜明可感的形象展现在人们眼前,如商场中琳琅满目的精美工艺品、艺术场馆中蕴含深刻思想的艺术作品、社会中的英雄模范人物形象、自然界中的花鸟虫鱼等。审美教育就是形象美的教育,通过让学生观摩、欣赏各种美的形象,学生能够感知美,并且能够从中吸收它所蕴含的善,在获得良好审美体验的过程中也接受了道德情操教育,形成一种高尚的品格。

第二,以情感打动人,理在情中。审美活动,并不仅仅是欣赏某种物品的外在美,更重要的是要欣赏和理解其中蕴含的内在美,这个内在美就是指它所蕴含的道德情感。因此,审美活动是一种带有主观色彩的情感活动。在对学生进行审美教育时,要向学生说明这一点,让他们在鉴赏作品时始终带着自己的情感。在这个情感活动中,人们也会受到情感中蕴含的"理"的陶冶。

第三,以情趣娱乐人,教在乐中。人人都有爱美的天性,当欣赏到美好的事物时,人们往往会产生一种愉悦的情感。由于美的事物对人有一种十分强大的吸引力,人们在接受审美教育时是主动的、积极的,这种自愿性质的审美教育的效率也是比较高的。学生在感受美的愉悦中自觉地接受了美的教育。

2.美育是全面教育的重要组成部分

美育是促进人的全面发展、身心协调发展的重要教育,是全面教育的重要组成部分。作为一种独特的教育,美育有助于推进人的思想道德素质培养,增强人在科学文化和身体、心理等多方面的素质。

首先,美育有助于培养人的思想道德素质,能够陶冶情操、净化心灵,培养高尚的品德。我们要认识到审美教育作为艺术审美活动,天然具备传情达意的美学特性,也属于情感活动。艺术是伴随人类社会发展的一种活动,其实就是人借助外在标志来主动地进行自身情感的融入和传达,并感染其他人,让他人与之共鸣,体会到其中的内涵和情感。《礼记·乐记》也对这一点有清晰地记载:"乐也者,情之不可变者也。……夫乐者乐也,人情之所不能免也。"这也正体现了,艺术是对情感的表达,能够使人感到愉悦,是一种必不可少的情感表达方式。正是基于艺术这种传情达意的美学特性,人们能够在审美教育活动中,受到情感的感染,能够在不同情感中感知和吸收艺术美,而学生能够通过接受审美教育活动,陶冶自身的情感。

在这种陶冶情感的基础上,美育自然就能够对人的心灵和灵魂进行净化,也就是先动情,进而动心,这正是深层次的美育。《礼记·乐记》有言"致乐以治心。""乐也者,动于内者也"。"乐"能够治心,艺术能够使人的内心世界受到触动。《乐记》中的这些话,反映出了美育活动在净化心灵方面的作用。这种净化是从情感的传达开始的,当情感共鸣产生后,就会作用于心灵,使内心受到相应的影响,进而净化心灵,培养高尚的品德。著名钢琴家李斯特曾经这样说道:"音乐能同时既表达了感情的内容,又表达了感情的强度……它可以感觉得到的渗入我们的内心,像箭一样,像朝霞一样,像大气一样渗入我们的内心,充实了我们的心灵"。[①] 其他艺术也像音乐一样,其美感在于以情动人,然后动心。关于文字的审美特性,朗吉弩斯(Longinus)是这样阐述的:通过文字本身的声音的错综复杂的关系,把作者的情感传到听众心里,引起听众和作者的共鸣……使我们心醉神迷地受到文章中所写的那种崇高、庄严、雄伟以及其他一切品质的潜移默化。

[①] 邹长海.声乐艺术心理学[M].北京:人民音乐出版社,2000.

其次,美育是培养人的科学文化素养的教育,有助于提升人的创造性,促进人的智力开发。审美教育的具体内容就是艺术教育,根据心理学实验研究,艺术能够使人的神经进入兴奋状态,让人的思维更加活跃。这种作用在形象思维上表现得尤为明显,在艺术教育活动中,人在艺术信息的刺激下,其形象思维会十分活跃,进而产生想象活动,这样一来,大脑皮质就会出现兴奋点,并且在想象活动进行的同时,这个兴奋点也会慢慢扩散,大脑皮质会随着这种潜意识活动启动自身的抑制机制,即思维信号系统开始活跃。换言之,艺术教育活动会使人因信息的刺激而产生形象思维活动,进而逻辑思维也变得活跃,这就会给人带来灵感上的刺激。

美育有助于提升学生在想象和理解方面的能力,有增强智力的作用。从科学家的角度出发,艺术是他们发明创造的一种动力源泉。例如,爱因斯坦就十分热爱音乐艺术,甚至其最伟大的理论相对论的创立也有着音乐艺术的一份功劳。从艺术家的角度出发,艺术在灵感方面的作用更加突出。正是诗人路德维希·莱尔斯塔勃(Ludwig Rellstab)的诗歌给舒伯特带来了灵感,才有了《小夜曲》这样动人的音乐作品。从学生的角度出发,接受审美教育,能够提升自身在想象和理解方面的能力,提升创造力,更具思维能力,从而使学生对知识的理解更加简单和深入。

3. 美育是创新教育的重要体现

创新是时代的主旋律,对于国家而言,基于世界发展趋势和当前国情,坚持创新发展具有重要的战略意义。创新战略的关键在于人才,这就对教育提出了要求,高校需要提升自身创新能力,为社会培养具有创新意识和能力的人才,发挥自身的社会作用。高校加强创新教育,就是将创新精神融入到各种教育活动及教育的各个环节,自然也会融入到审美教育活动中。在不同的教育活动形式和内容中蕴含的是同样的创新精神,美育是创新教育的重要体现。由此可知,重视审美教育在创新意识和能力的培养上的独特作用是创新教育的要求,基于美育的功能可以发现,其在想象能力和相关的审美能力的提升上有着不可替代的作用。这种能力突破了狭义的审美能力的限制,关系着人的综合素质,也就是说与智力相关,表现在人的想象、创造等方面。我们从小就听过牛顿的苹果和瓦特的沸水冲开壶盖的故事,很多科学家的发明创造的灵感源于一个巧妙的诗性想象。这个小小的想象力的刺激让科学家获得灵感,焕发出强大的创造力,突破既定的理论范式,在更深的层面上开展思辨和创造,打破陈旧理论的限制,实现理论的突破,打开新的科学大门。可以说,科学领域的重要发展是科学家智性和悟性两个方面的发展,而非单一的智力因素作用的结果。由此可以发现,美育的特殊作用,能够让学生获得美感的创造升华,其想象、理解等审美相关的心理会在这种作用下活跃起来,进而激发出创造冲动,形成创造的想象,并将此体现在行为活动当中。所以,发挥美育在提升想象力方面的作用,将有助于创新意识和能力的增强。

美育和智力开发教育有着特殊的联系,我国当前实行的教育体制中,将求真作为智力开发教育的重点,并且其教育的主要内容是前人发明发现的科学理论,是总结性的,其培养的就是理解能力和普遍的动手能力。而在"真"面前,"美"有着别样的重要性,特别是从教师的角度来看,美育贯穿了其教学活动和效果,以及教育的理念和能力。其背后的支撑就在于美育是极富创造性的教育,在帮助学生形成和提升创造力方面有着独特的重要价值。为了探索想象与科学研究之间的联系,化学家范特霍夫对大量科学家进行过调研,得出的结论是伟大的科学家通常有着强大的想象能力。与此同时,不能忽视的一点是,不同于智力开发教育,美育虽然能够起到智力开发的作用,但是这种作用不是直接的、表面的,而是有着无法测量的特点,所以美育的这一功能往往不会受到教育工作者的重视,并且被认为是虚无缥缈的,或者被认为是单纯的娱乐,而不对此采取行动。这些观点显然是片面的,所以我们必须正确且全面地认识到美育是十分受学生喜爱并接受的教育方式,这是因为其形式的多样性、灵活性和趣味性。所以,我们应当对美育予以应有的重视,主动地、有序地构建并健全美育教育体系,借此潜移默化地培养学生的思维能力和创造精神。

(二)美育的社会功能

审美的教育有巨大的社会功能,表现为可以激发爱国激情,可以使人开启智慧、追求真理,还可以使人心理健康、道德高尚、身心健美。

1. 美育能够使人激发爱国激情

《旧唐书·魏徵传》"以铜为镜,可以正衣冠;以史为鉴,可以知兴替"。美育的教学,从不同角度体现了文化之灿烂、山河之壮丽、人格之善恶。由此激发的爱国激情是自然而然的,这是美育最重要的社会功能。例如,在对古诗、古词、古文欣赏的过程中,屈原、陆游、李白、杜甫、辛弃疾一系列鲜活的历史人物历历在目。品味他们的佳作名句,感受到的是他们火热的爱国豪情;欣赏祖国的名山大川、历史文物,体验历史的悠久文化。即使是欣赏一幅郑板桥的竹画,仍然可以感受到人格的高尚。

2. 美育能够使人追求真理,开启智慧

除了激发爱国激情之外,美育还有助于激励人追求真理,开发智慧。其原因在于美和真紧密相连,我们能够通过美的事物的形象感知到客观世界的真实,基于辩证唯物主义自然观,对于客观世界,我们应当以辩证的观点去看待,反映其本来面目,这是科学精神的要求,蕴含着社会科学和自然科学的真谛。为了培养大学生正确的世界观,可以采取美育这种教育形式,对真理的追求是永恒的时代精神。美育教学活动中,关于形象思维的激发并非基于抽象思维这个出发点,有着一望可知的智力潜能开发作用。根据对大脑科学研究,抽象思维和形象思维分别是大脑左、右半球的功能。同样有研究发现,拥有形象思维能力的大脑右半球是智力潜能开发的关键。关于形象思维,爱因斯坦曾说过对于问题的思维,往往是形象式、跳跃式的思维,然后再用逻辑的语言把其表达出来。量子学创始人——罗杰教授曾说道,量子是人脑中最微观的,用一个形象化的表达就是,从量子这种极微观的视角看人,就像一个人在同一房间里,能够分身数人,同时开展多个活动,如写字、唱歌、跑步等,这反映出人脑具有不可估量的潜能,关于开发人脑潜力的方法也是科学家致力探索的,不少科学家将右半球看作智力潜能开发的关键,而审美教育正是关于形象思维的教育,能够对人脑右半球进行直接开发。审美教育涉及直觉思维、顿悟思维、灵感思维及多向思维等。我国数学家苏步青教授对此持有统一看法,形象思维有助于提升思维、开发思路,求真和求美是一体两面的,都是创造的过程,开展社会主义建设需要加强审美教育,借此创新思维方式和思

路,促进开拓和创新。

3.美育能够使人调控情感,心理健康得到发展

中央音乐学院开设了国内第一家音乐治疗室,有家杂志以"音乐是旗,爱是风"为题报道了这一事件,许多患者在轻松的音乐声中恢复了健康。人们常说"笑一笑十年少,愁一愁白了头"。大学生在紧张的专业学习中,有很多烦恼、不如意,如就业压力、婚恋压力、求学压力等。美育可以调整心理、振奋精神、缓解压力、增强心理防御机制,不仅是音乐,其他的美育活动也都有此功能。如古人看山水画,称为"卧游",书法的练习也可以静心屏息。在纵情山水中,人们则心旷神怡,不快、烦恼皆忘。徐志摩的《再别康桥》"那榆荫下的一潭,不是清泉,是天上虹;揉碎在浮藻间,沉淀着彩虹似的梦。寻梦?撑一支长篙,向青草更青处漫溯;满载一船星辉,在星辉斑斓里放歌"。这么美的诗境,每个人听了都会振奋、向往。美可移情,调整心理,是人们在社会生活中不可缺少的内容,也是大学生保证心理健康的重要条件。

4.美育能够使人修身养性,身体健美

社会美育活动开展得好,人间温暖如春,多组织一些健康的艺术活动,社会风气就会越来越好。大学里学生社团活动、艺术节活动多开展一些,大学生活也就浪漫了很多。把美育教学与运动健身相结合,也是我们美育老师今后工作应当注意的。

二、当代高校美育的原则

在高校开展美育要注重以下四个基本原则。

(一)乐中施教的原则

美育是情感教育,是让人感到"乐"的教育。就如孔子所言"知之者不如好之者,好之者不如乐之者","乐在其中"的状态下,人们会欣然受教。古罗马诗人、文艺理论家贺拉斯在《诗艺》中也提出"寓教于乐"的美育原则,明确表示诗歌能够让人获得乐趣和诸多益处,也会获得劝谕和启发。毫无疑问,美育能够使人的感官获得愉悦,让人的情感受到触动,人们沉浸于美,所以乐意受教。需要我们认识到的是,审美愉悦不仅仅是审美对

象带来的,同样也是人自身的智慧和力量在发挥作用。所以,学生在参与美育活动的时候,其心理和精神上都是愉快的,会有强烈的情感体验,获得极大的审美享受。正是因为这种愉悦感能够让人被感染和启发,能够让人被吸引,人们才乐于审美和美育。

美育的乐中施教原则,指在高校美育过程中,要基于教育目的,充分分析学生审美特征,做到美育活动的有的放矢,不仅让学生在美育过程中获得简单的生理愉悦,更要将之转化为蕴含理性的高尚情操的原则。乐中施教原则有着明显的寓教于乐和以乐促教的意味,这就是其显著优势所在。高校美育应当遵循乐中施教的原则,在美育的全过程中要始终坚持愉悦教育和形象教育。

然而,在当前的高校教育中,存在着美育工作和实际不同步的情况,美育效果不理想、内容和方法过时,这通常表现为自上而下、千篇一律地讲道理,没有考虑到学生的情感、年龄和个性等因素,将其放置在被动的位置,学生无法积极投入其中,就会出现冷漠和抵触的情绪。唯有在学生人格培养的过程中融入愉悦性,才能够使这种说教式的单调和乏味被负面影响降低。所以,在通过美育对学生人格进行发展和完善的时候,要强调对其兴趣的调动,让学生不再被动参与,而是积极主动地投入其中,以美育促使学生在活泼且有意义的活动中受教育,将会取得理想化的教育效果。

要想做到把愉悦性贯穿高校学生人格发展和完善的教育过程,要做到以下两点。第一,不管是教材还是教学过程,不管是教师语言行为还是教学环境,都要强调愉悦和趣味,因此,在编写教材时,不仅要突出思想深度,更要基于高校学生实际,避免空谈说教。在美育教学形式上也要做到多样化,采取组织演讲、话剧等多种方式,借助现代化教学技术,融入高校学生关注的热点话题。教师要起到启发和引导的作用,重视个性教育,尊重学生的个性和发扬其民主。第二,组织高校学生参加一些有意义的活动。例如,组织学生观看蕴含美好品德的电影;鼓励学生参与校内演出,基于自身生活编演小品;组织主题阳光健康的歌曲和绘画比赛;等等,让学生能够通过活动参与美的欣赏和创作,并沉浸其中,利用这一过程,学生就能获得各种情感体验,养成美的意识自觉,实现人格的发展和完善。

总而言之,进行教学时,美育具备愉悦性,学生感受到这种愉悦性会自然地转变角色,成为发现者和创造者,学习过程也会变成精神享受的过程,在这种引导下,学生会养成良好的品德。

形象教育是美育要遵循的另一个特质。维纳斯雕像展现了巧夺天工的雕刻,呈现了完美的艺术形象,人们从中能够感受到诗意和魅力,体会到一种崇高的精神美感。从古至今,美育就是通过美的形象让人们感受到情感和心灵上的愉悦,使得人们学会感知自然万物的美,学会通过多样的美的形态去创造新的美,促使人的情感和操守受到陶冶。美育之所以能够以情动人,就是因为其具有审美形象。这种形象性不仅是指感性形象,也是指对形象所蕴含的情感的体会和领悟,情感的触动、持续、深化和表现都和感性形象的产生和运动息息相关,将形象性贯穿在美育的过程中,可以以美引善,使人在潜移默化中实现人格的完善。

美育具有形象直观的特点,尤其在高校学生人格培养上,能够给学生提供创造思维的空间。美育能够借助诗情画意的形象让学生产生想象和联想,在外在形象和内在情感的相互交融的意境中,学生能够通过想象感受到千年之前、万里之外的画面和情感,从而产生强烈的学习兴趣,并激发创作灵感,进而进行创作,让自己的想象力获得丰富和活跃,最后达到开发智力、完善人格的目的。所以说,在高校美育中,教育者应当为学生提供走进自然和欣赏自然的机会,举办远足、登山等活动,让学生能够欣赏到美好的自然景象和人文古迹,以此感受自然之美,激发审美兴趣;应当为学生提供阅读和欣赏著名文学作品、绘画作品和雕塑作品等作品的机会,对其中所蕴含的美的情感和意蕴进行感受和感悟。文艺家创作的艺术作品都是创作者精神的凝聚和升华,蕴含着创作者关于人性的思考,关于真、善、美的追求,是人类文明的瑰宝。将经典文艺作品融入美育内容,能够在培养高校学生完美人格方面发挥着不可或缺的作用。

不管是艺术,还是科学,都有着共同的基础,那就是人类的想象力和创造力,而美育则是想象力与现实、精神与物质之间的桥梁。从这个层面出发,美育可以说是促使学生在教育中,自觉和乐意地对美育进行享受,净化学生的心灵,帮助学生养成创新思维,达成人生美好的境界。

(二)潜移默化的原则

人格的发展和完善并非一朝一夕之功,而是持续人的一生的;美育的作用同样并非吹糠见米,也需要花费较长时间进行培育。"学校无小事,事事都育人",高校教育要重视美育,将其作为学生培养的重要内容,全方位、全过程地开展美育。这就要求高校美育要避免选择急于求成的态度和拔苗助长的措施,而应当遵循潜移默化的原则。这一原则指的是高校要将美育融入学校教学和生活的方方面面、时时刻刻,耳濡目染地让学生在学习和生活中为美育所影响,形成良好的行为习惯和思想道德。美育要遵循潜移默化的原则就要关注如下两点。

第一,让美育充分融入教育的各个环节、全部过程。在高校教学中,要让美育的理念、审美的意识贯穿全过程,不管是学校整体环境还是教师环境,不管是教育还是教学,不管是管理还是后勤,不管是教育活动的整体设计还是其细节把握,都要做到这一点。在教育中突出审美意识的目的在于使教育的目的和教育活动的目的能够更好实现,帮助学生实现全面发展,尤其是人格发展,使学生的各种潜能得到开发。这既要求学校重视通过教育活动来促进学生掌握知识技能,提升学生的身体素质、智力和审美能力,又强调促使学生养成完善的人格和良好的修养。让美融入到教育过程,能够让学生朝气蓬勃,愉快地进行自由创造,基于此组织的活动才是学生喜爱的、乐于参与的。美育以情动人,能够创造出和谐愉快的环境和氛围,让学生沉浸其中,不知不觉地在美的感染和影响下,获得知识,并且完善人格,让学生潜移默化地实现人格的完善与全面发展。

高校美育是全面的、全过程的,不仅仅局限于艺术、知识和技能这些方面,更蕴含在所有的教育方法、教育艺术之中。教育工作者的自身生活和情感中都含有美育的因素,超脱了一般的教育技巧。不仅仅是艺术学科的教育,在所有学科的教育教学活动中,都要体现美,这样才能吸引学生自觉和积极投入到学习当中,这样教学活动也就具有了审美性质,成为独特的审美活动,不管是学生还是教师都能够在其中感受到美,感受到愉悦,潜移默化地实现人格的完善。

与此同时,美育作为全面教育的一部分,也与其他三部分教育,即德育、智育和体育有所融合。进行德育时,可以采取文艺活动、艺术鉴赏等多种方法和内容,这样德育就打破了枯燥的说教,具备了审美愉悦,也更能够吸引学生投入其中。进行智育时,要认识到其与美育是相互促进的,当学生具备充分的知识和智力,就能够更好地对美进行欣赏、感受和创造,也就提高了艺术素养。智育对学生想象力和形象思维能力的发展有利,有助于帮助学生获得健康的审美趣味,在学习中获得愉悦,感受到创造的乐趣。进行体育训练时,要确保健康体质和健美身材兼重,采取运动锻炼和形体训练结合的方式,重视科学和艺术的结合,要认识到体育也能增强审美能力。组织体育活动时,要强调活动的精彩性,同时也要提倡互助合作的精神,外在上要有健美的形体、协调的动作,内在上要有不惧艰辛、不甘人后、积极竞争的精神,对学生的品质、意志、人格进行培养。另外,劳动技能也要和美育相结合。关于劳动技能的教育,要让学生能够学到实用的劳动知识和技能,并基于此帮助学生形成正确的劳动观念和习惯。创造无疑是美的,学生能够在劳动创造中感受到美,这种体验能够促使学生更好地进行美的创造,追求美的生活,树立美的理想,形成美的心灵。

总而言之,高校在教育和培养人才时,不但要重视美育的独立性,将其学科特点进行突出,而且要重视美育的全面性和过程性,将其融入整体教育的全过程,发挥其潜移默化的作用,使之融入教育、管理的方方面面。

第二,让美育与校园文化有机融合。校园文化具有特殊性,属于社会文化的一部分,其组成成分主要有校园文化教育、校园文化生活、校园文化环境、校园文化队伍、校园文化制度、校园文化政策及校园文化组织和设施等,是一个复合体。也就是让学生直接参加,基于完善的文化组织,借助当前存在的文化设施和政策,组织多种多样的校园文化活动,这样就形成了相应的文化环境,进而推崇相应的文化观念。校园文化是在科学的思维理念的指导下,构建的特殊的校园精神和风气。

在美育过程中,要重视校园文化这一重要途径,它具有饱满的内涵和显著的特点,能够为高等教育开展起到多样化的作用,在关于学生人格的发展和完善方面有着重要的意义。首先,高校应当不断对校园环境进行维护和修整,营造美好的景色,让学生获得多样的审美体验,让学生只要置身于校园就能感受到美。作为校园文化的物质载体,校园环境有着相当重要的功能,明亮安静的图书馆、温馨舒适的宿舍楼、宽敞整洁的教室、幽静清雅的小树林、蕴含人文精神的雕塑等,都能够使学生赏心悦目。良好的校园环境有助于学生更好地进行学习和参与活动。学生的生活较为简单,多数时间都生活在校园内,这不仅是学习的主要场所,更具有家的意味。如果这个"家"是杂乱的,生活在其中的学生自然会产生很多负面情绪,诸如焦虑、抑郁等;如果这个"家"是优美的,生活在其中的学生自然能够在美的熏陶下,获得愉悦的感受,潜移默化中形成良好的品质。其次,校园文化所具备的审美性,能够无形之中激励学生向往和养成完善的人格,这种激励是"随风潜入夜,润物细无声"的春雨一般的熏陶。因此,高校要积极利用校园文化的这种审美性,努力构建尊重科学、求新求真、团结共进、积极阳光的校园文化,给学生带来直接的体验和感悟,让美深深进入学生的心灵世界。采取模范表扬的方法,以先进个人和先进集体的示范作用,对学生进行引导和鼓励。构建美好的校园环境和优良的风气,让学生的学习、科研和生活的需求得到满足,情感品质得到熏陶,心灵得到净化。

(三)因材施教的原则

关于美,每个人都有自己的标准、偏好和感受,审美是主观的。每个人的生理感受不同、心理感受不同,基于此关于审美就有了差异化的需要、能力和情趣,对于美都有着独特的认识和理解。所以,在高校美育活动中,也要注意到这一点,尊重客观规律,始终遵循因材施教的原则。这一原则指的是,高校美育要以学生个体的能力、个性和兴趣等采取差异化的美育方法、形式、内容等,让学生能够发展个性,能够实现自由发展。

从个人人格的完善和发展层面来看,尊重学生审美个性有着重要价值。教育学理论认为,因材施教原则背后反映出的是突出了学生的主体性,以及科学对待个体在身体、心理和智力上的差异,也提供了空间给学生的后续发展。从教育教学的视角分析,基于学生个体的具体情况,结合其差异化的特点,采取差异化教学,能够使教育做到有的放矢,能够帮助学生在适合自己的途径和方法下参与教学,最终实现教学效果最大化。正因如此,教育教学不能违背个体身心发展规律,而要坚持因材施教原则,这是对其规律的践行。

对于美育中因材施教的原则,我们可以从以下几个方面来贯彻。

第一,要对定位进行明确,做到从实际出发。开展美育要进行一定的准备,应当对学生基本情况进行了解,掌握学生的兴趣、优势,以及需要帮助的地方,明确其审美认知水平,对此作出科学定位,先"把好脉",再找出"症状"。同时,还要促使学生加深自我认知,提高自身在审美方面的水平,发现自身优势,这样才能够使学生对学习充满兴趣,并最终形成学习自信。

第二,对症下药,基于学生具体特点,制定合适的方案,促进学生个性发展。进行美育时,教师要结合学生的知识基础、学习能力、爱好、才能等方面的实际情况,对不同的学生制定个性化教育方案,帮助学生扬长避短,实现针对性的美育。

第三,对个体差异形成正确的认识,并进行合理对待,提升学生学习积极性。进行美育时,要对学生在审美方面的需要、爱好和天赋予以应有的尊重,帮助学生发展自身的才能和爱好,并对此深入学习。这就对教师提出了要求,也就是必须充分了解学生的具体情况,尽可能对学生的爱好加以全面把握,在适当的时机给予学生充分的帮助和鼓励,帮助学生建立起学习自信,提升其对自身进行美育的积极性和主动性。要想让学生获得真正的教育,就必须引导和激励学生进行自我教育。必须坚持因材施教的原则,学生的审美爱好和积极性才能够被充分调动起来,其审美能力才能够得到有效增强,从而实现个性的协调发展,最终实现人格完善。

(四)循序渐进的原则

高校美育过程中要坚持循序渐进的原则,这指的是为了通过美育来促进学生人格的发展和完善,应当按照人的认识发展顺序,做到由浅入深、由易到难、由低到高。

根据人的认识发展的客观规律,关于事物,人们形成的认识都是从感性到理性、由表及里、由此及彼的,学生学习同样属于认识的形成,符合这一规律。所以,坚持循序渐进原则,在进行美育的过程中要立足于由表及里、由简到繁的认识规律来开展教学的组织和安排。从高中到大学,高校学生面对的是全新的人生阶段,此时的学生长期生活在学校这座象牙塔之中,没有足够的实践经验,不管是在思想上、心理上,还是在行为上和处事上,都处于未成熟的状态,其审美观也是良莠不齐的,既有正确和健康的,也存在错误和不良的,而后者就会导致学生无法意识到美,甚至对美进行扭曲和颠覆,对其身心健康发展造成顽固的阻碍。所以,开展审美教育,要将帮助学生对美形成欣赏能力放在前面,先培养大学生健康的审美价值取向,进而对其审美想象力和创造力进行培养,最后帮助大学生实现个人的完善。这个培养过程就是循序渐进的。

第一,促使大学生形成正确、健康的审美态度。简而言之,审美态度指的就是审美观。正确健康的审美态度要求对于世界进行认识和分析时要坚持从美的角度出发,欣赏美进而挣脱名利和物欲的束缚,保持愉悦感进而实现精神上的自由和沉浸。在这种审美态度下,高校学生将能够树立积极阳光的三观,能够以欣赏的眼光对生活中的美进行挖掘,以美的经验对问题和冲突进行解决,而不会犹豫不决,沉浸于一时的得失。对人生路上的艰辛和苦难保持平常心和正确的态度,在风雨浪涛中始终坚挺,对竞争压力进行消化并将之作为前进的动力,以乐观的态度面对学习、工作和生活。

第二,促使大学生强化审美欣赏和判断方面的能力。这种能力指的是人们参与审美活动时对美的感受、辨别和欣赏的能力。有了良好的审美欣赏和判断能力,学生才能够明辨美丑、区分善恶,才有了批判假恶丑、推崇真善美及将世界建设得更加美好的前提。培养这一能力要关注以下两点。其一是要对知识传授进行掌握,把握课堂教学这一阵地。借助课堂教学对审美知识进行传授,大学生就能够习得一定的审美理论知识,对美的本质、特征形成正确的认识,对美的内容和形式进行了解,进而养成基本的美学素养,并立足于此,树立正确的审美标准,进而以正确的理论为审美活动提供指导。其二是要积极组织审美实践活动,这样学生才能够有更多的机会参与多样化的艺术实践当中,通过真实的审美体验,于大自然、社会活动、艺术作品当中感受美、体会美,将感情升华于这种沉浸和共鸣之中,进而增强自身审美能力,完善自身人格。

第三,帮助大学生提升审美创造能力。人才培养中不可忽视的一点就是对人的创造性的培养,这对于人的人格完整性有着关键性作用。这种能力指的是,人们进行审美实践的时候,能够根据美的规律和原则,自主地对美的事物进行创造的能力。这种能力的产生和提升与身心解放、天马行空的想象力、强大的实践能力息息相关。高校学生正值青春年华,十分热情活泼,乐于追求变化和新鲜事物,高校美育过程中要对其创作的激情进行激发,并且引导其在生活中坚持美的尺度和标准,在对世界进行建设和改造的时候坚持美的规律。为了提升学生的审美创造热情,高校要提供充分的平台,为其提供更多的机会进行美的创造和展示,为其注入勇气和信心及能力去创造美的人生和世界。对于学生而言,美育能够有效增强其创作意愿、创造能力,以及达成人格的发展和完善。

第四,促使大学生形成用美来修养身心的自觉。高校学生正处于指点江山、挥斥方遒的阶段,他们风华正茂、好学乐学,有知识和才能。养成高尚的情操和道德离不开美的塑造。高校美育应当促使学生形成用美来修养身心的自觉,使之能够以美的要求进行外在形象和内在形象的塑造。除了个人的努力之外,要具有良好的审美素养,还需要成长环境和成长方向的加持。所以,高校推进美育工作,实现学生素质的全面发展,是一场长期战役,要进行全方位的系统建设,除了要建设相应的艺术鉴赏课程之外,还要积极组织多样化的课外活动,将之作为美育的第二课堂,加强校园文化建设,创建美好的校园环境。同时,不能忽视积极阳光的艺术实践,开发学生潜力,促进其人格的完整构建,使其保持昂扬的精神状态。帮助大学生通过审美素养的持续增强,实现身心协调发展。

除此之外,循序渐进原则还体现在不断反复的美育过程中。美的熏陶是持续的,美好的文艺作品,经得起实践的考验,值得反复品味,并且在欣赏中往往会有新的体会和领悟。所以,进行美育时,学生的认识和体会是在持续深化的,想象也在持续发展。这就意味着美育的过程需要不断反复、加深,在循环往复中实现人格的完善。

第三章 高校美育课程研究

第一节 高校美育课程的范畴

一、高校美育课程的定义

审美教育的关键问题集中体现在教学、活动、师资、教材和反馈等方面,作为一种情感性教育,它贯穿学生成长始终,需要循序渐进地浸润和滋养,引导帮助大学生形成正确的世界观、人生观和价值观。要实现高校美育的目标,高校美育课程是最直接也是最关键的载体。

美育是审美教学与美感教学的结合,通过教育提升人们认识美、理解美、欣赏美和创作美的能力。高校美育集美学和教育学于一体,是美学在高校教育中的贯彻和运用。学术界研究者从不同角度赋予其意义,如下所述:

首先,将高校美育视作促进其他美育的实现手段,认为它"是通过文学、艺术和借助大自然、现实环境中的美,对青少年进行的教育,形成他们正确的审美观点,发展艺术才能和进行思想道德教育。"叶学良等以审美心理实验研究为基础,提出高校美育的主要内容是美与审美规律,美育主要特性是对德、智、体、美、劳的渗透与统领,基本任务是让学习者获得幸福和智慧。

其次,认为高校美育主要任务是个体审美能力的培养。即"以培养审美的能力,审美情操和对艺术的兴趣为主要任务的教育"。将美育看作审美教育,认为"是运用艺术美、自然美和社会生活美培养受教育者正确的审美观点和感受美、鉴赏美、创造美的能力的教育。"

另外,在审美能力提升基础上,通过高校美育实现全人教育途径,即"通过美的规律塑造自我和追求人格完美的教育"。

我们可以将高校美育视为一种全人教育,它将自然美、社会美和艺术美作为审美形态内容,以高校教学方法为载体,传授学生审美理论知识,培养其认知美、体验美、表现美和创造美。在新时代背景下,旨在提升学生审美能力,实现陶冶情操、树立信仰、塑造人格以及促进个体全面发展的目的。高校美育包括具体内容、手段、途径和目的,过程包括个体感知、理念、信仰、行为和人格。高校美育课程,是为实施美育而建构的课程,主要包括美学课程、艺术鉴赏与创作课程、生活审美认知课程组成的系列课程。

综上所述,新时代背景下的高校美育课程应是以大学生审美经验和知识为基础,通过感知美、表现美、体验美和创造美,培养审美态度、审美能力和审美趣味,提高审美水平、专业素质和人文素养,促进身心协调,实现个体自由全面发展。高校美育课程包括课程目标、课程内容、教学实施、考核评价,是以学生为中心的资源、环境、文化和家校社会一体化的有机动态体系。

二、高校美育课程的本质

(一)自然美——激发美的情感

在人类社会出现后,人们开始进行审美实践活动,包括对自然美的欣赏、判断和认知等。我们所说的自然界中的美景,日月星辰、纷纷晚霞、辽阔草原、茫茫大海等气象万千的风光,让世界更精彩,但若是这些自然景色缺少了人的主观能动性,即用眼睛去发现美,那么它们的美的价值性就无法体现。只有当人类发展到一定历史阶段,当他们在解决了生存下去所需的食物和居所后,才开始产生欣赏自然和赞美自然的情愫。随着人类社会实践进步和生产力发展,人们在改造自然中运用自然规律,逐渐发现、开发和推崇自然美,认识自然物性,并进而影响人的精神世界。从自然美到精神美的产生除了自然界本身的属性,还包括以下条件和阶段。

1. 人类通过生产实践赋予自然界万物以人的本质力量,进而拥有审美价值

这种条件即"人化自然力",指人类通过生产实践活动改造自然界,留下人类历史发展的印痕。在这个过程中,人类得以实现自我,获得审美愉悦,这也是自然美所具有的价值所在。只有在逶迤的大山中打通隧道,方便人类出行,人们才能消除对自然的恐惧。只有在"人化自然"中渗入人类意识智慧、实践能力,并结合科技的力量,体现出人类最本质的力量,我们才能感受到自然之美。

2. 人类运用自然规律,认识自然物性物态,获得审美经验,使自然物上升为审美对象,达到主客观意识形态统一

在远古社会,由于人类主观认知水平和客观生产力的限制,人类缺乏利用自然的能力,只能把它看作自身生活的一部分。随着生产力的发展,人的主观能动性和视野得到提升、拓宽,自然物进入人的生活范畴,人们逐步认识到自然物性物态,并使之上升为审美对象。

3. 自然之美和精神之美融合,自然物成为人类精神的寄托和象征

人们在对自然界的实践改造中,从大自然和万物本质中汲取出来一种天然精神,让事物呈现其原有的特征和规律,即为大美,它是自然之美和精神之美的融合,是在遵循天然精神和规律的基础上,强调人的自然本性在实践中的重要性和存在性。

自然美的构成是由两方面组成:其一是自然物自身所特有的自然本质属性,即自然物性和物态之美;其二是人的本质力量作用于自然物上所产生的社会实践活动。两者缺一不可,自然物和人们生活以及劳动实践活动密不可分,它是人类历史发展到一定阶段的社会化产物,即"自然的人化"过程。自然之所以具有审美内容成为审美客体,形成审美价值,正是因为人类在长期的生产实践和改造中,拥有审美力量,与之强化,逐步完善对自然美的赏析并形成精神社会化能动。

(二)社会美——培养美的心灵

1. 社会美的本质

社会美指现实生活中社会事物的美,包括人类社会各领域发生的社会现象。它不仅根源于实践,而且本身就是实践的最直接的存在形式,主要表现在阶级斗争、生产斗争和科学试验领域。

社会美本质就是人的本质力量作用在社会中所产生的美及美的感性体验,其所包含的内容是"伦理道德的理性原则"。社会美体现在日常生活、社会交往、工作学习的过程中,只要是有利于人类社会发展进步、给予人们美好道德启示、令人身心愉悦、促进人们美好生活愿望达成、实现个体自由全面发展等皆是社会美范畴。

2. 社会美的形态

(1) 劳动之美

在追求美和产生美的社会生产过程中,通过劳动生产实践获得最基本的物质保障,进而通过实践创造更多生存必需品和社会财富,人类按照"美的规律"进行审美创造,获得精神层面的审美经验,并进而刺激产生新的审美需求,审美和劳动互为因果形成循环并贯穿于生产和生活创造过程中。

(2) 民俗之美

民俗文化是一个地区广大民众的集体文化特质,它是内潜性和非物质性的内化于心的精神印迹,体现"一个民族、地区中的民众所创造、共享、传承的风俗生活习惯",它具有集体性、传承性和地方性等特点,正所谓"百里不同风,千里不同俗"。民俗既是社会意识形态之一,也是一种历史悠久的文化遗产。

(3) 风尚之美

风尚即社会上普遍流行的风气和习惯。自然条件中的山川、河流、高原、土地等都是我们通过感官感觉之事物,但在社会中存在一种"风尚",它如空气如风般可以让人感知它的存在,却不能触手可及,需要通过一定的社会媒介来展示其存在性和价值性,风尚本质体现了一定的历史变动性和每个社会阶段向善向美的方向引导性。比如,美育教学中提倡打通社会和高校美育,以高校美育下社区,引领社会向善、向美。高校拥有优质且丰厚的美育资源,用美唤醒人心,更好地改善人们的生活;促进社会文化良性发展,提升大众审美素养。

(4)礼仪之美

我国是礼仪之邦,礼仪文化根植于中华文化土壤中,它体现在我国人民的生活方式、行为取向、审美标准中,包括维护社会秩序的和谐美、涵养身心的格调美、尊重生命的幸福美等。礼仪强调在礼俗活动中激发情感美,如元宵节的灯会、除夕夜的年饭、端午节的粽子,人们通过这些活动的创作、美的欣赏及参与,使自身充分融入群体中,激发情感共鸣,增强民族自豪感,同时,礼仪强调在仪式活动参与中凝聚价值认同,通过群体参与意识活动,设计感性环境和程序,引发参与者审美感受,凝聚社会共识和对美的价值认同感。

(三)艺术美——塑造美的灵魂

艺术美是在自然美和社会美基础上对美的提炼,是"形象教育与伦理道德教育"的统一。艺术是各种艺术作品的总称,它属于社会意识形态,和哲学、宗教、伦理等相并列。艺术美指艺术作品的美,它是人类审美的主要对象,是艺术家对生活的审美情感理想与生活美丑特性在优美艺术形象中的结合。它是对艺术品审美属性的概括。艺术美的表达实质上就是对现实生活的体现,它来源于客观现实生活却高于生活,是艺术家经过创造性实践劳动的产物,也是艺术家运用恰当的审美意识对生活美丑的社会化反映,是理想美的现实存在。因此,生活是第一性的,属于社会存在范畴,艺术则是第二性的,属于社会意识范畴,生活是艺术美的源泉,生活中的美和丑都可以成为艺术的反映对象,生活丑经过艺术家恰当贴切的审美评价和典型概括,也可转化为艺术美的形式。艺术美存在于丰富多样的艺术作品中,诸如以工艺美术、建筑、雕塑为主的造型艺术;以舞蹈、音乐为主的表演艺术；以文学为主的语言艺术；以戏剧、电影、电视剧为主的综合艺术等，都是艺术美存在的具体形式。艺术美具有陶冶性情、娱乐身心、认识活动、宣传教育等作用。

1. 艺术美本质

本质上来说，没有所谓的纯粹艺术，它或多或少都包含渗透着人世情感内容，它离不开现实生活中的感官形象。艺术特点体现在生活性、技术性和审美性。

生活性。生活是我们赖以生存的场所，是艺术创作的基础、根源和反映。艺术的生活性首先体现在对生活的形象反映。"百啭千声随意移，山花红紫树高低"让我们感受到画眉鸟在姹紫嫣红的山花中千啼百啭，一高一低舞姿翩翩的优美姿态仿佛映入眼帘；古代画家对马的绘画，其体态是刻画中的重中之重，或仰头嘶叫或纵横驰骋或嬉戏打闹，虽看似平面，但画师却用不同线条勾勒和墨色渲染，尤其是徐悲鸿对马的大写意画法，把马的神态在磅礴大气中出神入化地刻画出来；国家非物质文化遗产"口技"，运用嘴唇、舌头、喉咙、鼻子等发声器来模仿大自然界各种各样的声音，把豺狼虎豹、青蛙黄鹂等飞禽走兽的声音模仿得惟妙惟肖，以上种种艺术表现方式都离不开动物的具体形象，让观众虽未见却有意境之感，在理论学习的基础上得到更深一步的感性认知。

其次，情感能动性。现实生活具有多样性，人的社会实践能动性在其中具有主导意义，否则艺术将失去其活力和热情。艺术作品的创作过程中，除了客观存在的艺术技能外，或多或少渗透了人世情感内容，艺术家将自身对生活的认知、感受、评判融入其中，并在此基础上渗透个人情感、意志和审美的精神特质，让平淡的生活经过艺术性加工形成充满活力激情的艺术创作作品，故而艺术"不应该被看作只是各个个体的创作堆积"，更是"一个真实性的人类心理—情感本体的历史的建造"。

最后，丰富性。生活是多姿多彩的，艺术反映生活的方式也是丰富多彩的，内容也是多种多样的。艺术诞生于生活，在接触新鲜事物过程中，不断挖掘艺术灵感以及创造艺术表现形式；艺术直接反映生活，通过人们脑中的共识意象来抒情达意,艺术又高于生活,能够呈现在人们眼前的艺术是对生活的高度提炼和精髓展示,这种方式更具有内涵和深意,往往体现了生活的哲理和真谛。

技术性。在西方,艺术一词的内涵大致经历了从蕴含知识、规则的技术、技巧、手艺发展为依赖灵感、直觉的精神性审美活动的变化。亚里士多德等认为,技术、手艺的艺术理性地建立在方法和秩序上,雨果等认为艺术是理性知识进行实践生产的独特形式。艺术技术性反映人在技术改进活动中,作为实践主体开拓进取和创造本性,是规律性和目的性的辩证统一,也是人的实践劳动超越战胜客观必然性获取自由的本质表现。

审美性。艺术的审美性是指艺术品具有的能引发人美感、可以被欣赏的属性,它包括在艺术家创造艺术品以及艺术品创造出来后被欣赏的所有过程中,所以艺术审美的对象是艺术形象及艺术作品,审美的表达实质是人的本质力量在艺术作品中的体现,它通过艺术作品体现真实的人类心理和情感本体。

2. 艺术美的表现形式

艺术美的表现形式具有多样性,故对艺术的审美活动有多种途径和方法,根据艺术类型的不同我们可以将艺术美大致分为以下几类。

(1)语言艺术美

语言艺术一般指文学艺术,即文学作品,包括散文、诗歌、小说、戏剧等,他们是对现实生活的反映,与人们日常生活最为贴近,不同于形式审美过于抽象。语言作为艺术表达的重要手段存在特殊性,表现在其范围之广和表现对象的非直观性。语言的使用不受时间和空间限制,随时随地都可以开展语言艺术审美活动,它可以单独存在,也可以作为某一附属存在。例如艺术家在表现某一造型艺术作品时;一方面可用艺术造型之美感染欣赏者感官;另一方面也可用语言文字阐述作品的内涵精神,用深层次的情感打动欣赏者的心灵。

(2)造型艺术美

造型艺术,即空间艺术或外形艺术,指运用一定物质材料,通过线条、色彩、结构等构成方式,通过塑造视觉形象来反映社会生活与表现艺术家的思想情感的艺术。广义上的造型艺术包括建筑、绘画、雕塑以及世界各国的民间手工艺等;狭义上,包括绘画、雕塑等传统艺术种类,即"架上艺术"。作品中的造型是创造者遵循美的规律,结合自身审美意识和思想感情对特定客观事物进行抽象、凝练、升华,以美的艺术手段和语言塑造出形神兼备的艺术形象。

(3)综合艺术美

综合艺术是指包含多种艺术元素并将元素有机结合,在一定时间和空间中,以演员创造角色形象来反映生活、表达思想情感的艺术。一般指语言、造型、表演等艺术门类及相关技术综合而成的戏剧、电影、电视剧等形式。综合艺术吸收了文学、美学、音乐、舞蹈等各艺术类别的长处,融合多种手段和方式的艺术表现力,形成独特的综合审美特性。在某一类美育课程中,将综合艺术美元素为载体,结合项目任务型教学,设置某个创作项目进行"跨域融合",有机渗透音乐、戏剧、肢体创作体验等不同形式,能有效改变静态教学的枯燥性,运用语言美、动作美、场景美以及更深层次的情感美和精神美,让师生在这个过程中得到美育熏陶,提升精神境界,完善健康人格。

第二节 高校美育课程的基本原理

一、高校美育课程的目标

综合来看,高校美育课程目标大致分为两个层次:①提升审美能力,即在已有的较高美育素质基础上;对其"审美素质(审美观念、审美情趣、审美感受、审美经验、审美能力等)进行培养和提升,使之进一步系统化、理性化"。②提升学生人文素养,即"培养和塑造人文精神,如思想道德、文化素质、世界观、人生观、价值观、责任感、创造力等"。作为综合性学科,能"促进学生整体思维的发展,培养学生的人文素质"。

二、高校美育课程的内容和类型

高校美育是指高等教育阶段实施的审美教育,与基础教育阶段相比,高校美育在教育对象、教学目的和课程教学中有其特殊性。因此,高校美育课程的内容和实施要遵循审美主体,即大学生的审美个性和审美经验,一方面,传授美的本质、规律等美育知识,指导大学生进行审美认知、体验和创作;另一方面,要力求审美主体从审美"感发"层次深化到人格"感动"层次,在专业领域和跨学科融合中进一步树立正确审美观和人生价值观,达到人格完满境界。本节将从高校美育课程这一角度展开叙述。

(一)高校美育课程——基于审美"认知—行为—情感"

课程内容是指"各门学科中特定的事实、观点、理念和问题及其处理方式",它源于社会文化并随着社会文化的发展而不断发展变化。从定义出发,课程内容是"根据课程目标从人类的经验体系中选择出来,并按照一定的逻辑序列组织编排而成的知识和经验体系"。如果说课程目标是人的骨架,那么课程内容则是人的血肉组织,它填充丰富课程目标。课程内容在整个课程中处于核心位置,课程设计是"关于内容的组织和安排",课程目标是"选择和决定内容的依据",课程评价是"判断内容产生的效用"。可以理解为,课程内容是课程目标的具体分类化,是整个教学过程的载体和课程设计的主体,也是课程评价的有效对象。

高校美育课程主要可以分为感知为主的理论鉴赏和技能为主的实践创作。我们可以将高校美育课程基于审美"认知—行为—情感"三方面通过以下类型具体实施开展:①基础的美育理论类课程,课程设置系统中的基本环节,旨在培养学生的审美认知力;②艺术鉴赏类课程,课程体系中的中间环节,旨在培养学生的审美体验力和文化理解力;③艺术技能类课程,旨在培养学生的审美表现力;④艺术创作类课程,旨在培养学生的审美创造力。

(二)认知类美育课程——补偿与发展

1.课程内容

高校培养高级专门人才,高校美育课程需围绕"高深性"和"专门性"展开,这是其区分其他阶段美育教学的特点。我们将美根据审美形态分为自然美、社会美、艺术美和科技美,这些美是可以通过形象的事物体现出来的,具有美的客观性和形象性。比如自然美中的风景、艺术美中的经典画作等,我们用视觉、听觉、触觉等感官去感受它的色、形、声等形象性。根据事物外在的物态特征抽取出来的具有关联性、规律性的美的抽象构成,例如和谐、对称、比例、运动和节奏等,需要运用意识和理性去认识改造。这是审美主体从外到内、由感性认知上升到理性认知,将感受对象的表象、形象渗透到内在思想和情感中的过程。大学生不仅要学会对美的欣赏和认知,更要掌握美的高深知识;诸如美的哲学,包括美的本质和美的规律、美的形态和范畴,以及美的理论性和方法性知识。在其浅层认知基础上提升审美能力和艺术素养,有针对性地在社会美内容中融入价值观、道德素养、人际关系等,在艺术美内容中渗透文学、音乐、民俗文化等科学美内容中提升逻辑思维能力等,引导学生拥有正向审美判断、树立正确审美观;培养审美经验、审美情感和审美趣味,提升人文素养。

2.课程类型——理论基础和审美鉴赏

(1)理论基础类课程——培养审美感知力

课程以讲授美学基础知识为主,旨在促进学生审美感知力和认知力的提升,通过美学原理、艺术学概论、美术史论等课程来实现。主要包括美的规律、本质、起源、特性等基础理论内容,引导学生围绕"是什么"去探究和解决问题,比如"中外美术史""艺术概论""工艺美术史"等课程。

一方面,传授美学理论知识。美育学中的美学知识主要以指导学生掌握审美功能为主,让学生了解"何为美""美在何处""美的内容和范畴""美的存在形态"等问题,让学生运用美学概念、原理、本质、规律等理性思维概括分析感性认识,从更高层次来说,这也是理论辅助实践的过程,以哲学理性的角度指导学生审美实践。

另一方面,传授艺术基础知识。《意见》指出高校应"开设艺术实践类、艺术史论类、艺术批评类等方面的任意性选修课程"。艺术理论知识的学习,是学生审美素质潜移默化地养成过程,学生要形成高雅的艺术情趣就必须学会以正向感知能力欣赏经典优秀艺术作品。艺术基础知识不仅仅局限于艺术学,还包括艺术的造型要素和表达能力,诸如绘画中的色彩构成、点线面造型、构图美学和综合材料等,通过艺术要素形成对跨界艺术的认知审美。再如艺术基础知识中的中外各类艺术史,有助于帮助学生对某一个阶段或某一种艺术的演变史有所了解,艺术史以不同种类艺术的思想、技法、文化等发展为载体,让学生通过不同阶段和种类的艺术史中的优秀经典作品感受其中的人文精神和文化精髓,激发学生的求知欲,塑造完美人格。

(2)艺术鉴赏类课程——培养审美体验力

艺术鉴赏是审美主体通过审美对象认识客观世界的一种思维活动,包括艺术作品的审美沉浸和"评价""分析"高阶思维的获得。艺术鉴赏美育课主要是将美学理论和艺术基础知识运用到绘画、音乐、舞蹈、影视等各种艺术类别中进行评价和分析,它是运用和创造的基础,"是一种以艺术品为对象、以大众为主体、力求获得多元审美价值的积极能动的欣赏和再创造活动,是鉴赏者在个人的审美经验基础上对艺术作品的价值、属性的主动选择、吸纳与扬弃"。鉴赏课程主要包括艺术概论和作品赏析两个部分:艺术概论主要包括艺术活动基本规律,诸如艺术本质、功能、特点、规律、构成要素和鉴赏方法等理论知识;作品赏析基于艺术概论展开,教授学生审美方法和批判赏析方式等。课堂教学中应避免纯理论讲授,要适当融入课外体验活动来丰富教学形式。教师要处理好共性和个性之间的关系,针对艺术专业的学生,鉴赏课程应注重针对优秀经典艺术作品进行欣赏和评析,强化审美能力和审美态度,形成审美独立性和个性化,为专业的审美创造奠定感性和理性相结合的综合思维能力。"一个从事专业艺术创造的人才,若美术趣味不高,则会造成审美缺失。"对于非专业学生来说,鉴赏类课程则应培养个体对美育情感的灵性激发,培养美育想象力和美感养成为主,有效区分艺术教育与美育之间的关系。美育鉴赏类课程涉及多种艺术形式,比如音乐、美术、舞蹈、戏曲等多种形式,以音乐鉴赏、影视鉴赏、美术鉴赏、舞蹈鉴赏、戏曲鉴赏等课程来实现。如"传统工艺美术鉴赏""中外艺术品赏析""影视音乐鉴赏"等。

无论是艺术概论还是作品赏析,其主旨都是通过自然、社会、艺术中各类美的事物、美的经典艺术作品等,引导学生进行欣赏、感知、理解、体验和评价,提升美的认知力和体验力,为形成崭新的知识整体和能力迁移即为艺术实践做准备。这个过程主要通过人的感官打造认知,给予学习者多感官、多维度的外部刺激,这些感官刺激会投射到海马体、杏仁核等与学习记忆相关的脑区,提升神经元的可塑性并促进神经活动的发生,从而激活知觉、增强感知能力与记忆状态,改善学习和认知。例如,不同感官刺激对应不同艺术种类:视觉所对应的视觉艺术,包括绘画艺术、平面设计等;听觉所对应的听觉艺术,包括流行音乐、古典音乐等;味觉所对应的味觉艺术,包括生活美食等;嗅觉所对应的嗅觉艺术,包括香水品鉴等;触觉所对应的触觉艺术,包括纤维艺术、综合材料绘画等。此外还有多种感官艺术,比如综合视听艺术中的戏曲、影视赏析等。以感官为中介,将艺术的符号和语言,包括色构(色相、纯度、明度)、形构(点、线、面、体、大小、高低远近等)、声音(音长、音强、音调、音质、音频)、质地(软、硬、冷、热、滑、粗、细等)、节奏(动作、移动、运动方式、方向、轨迹等)等,激发学生对美的事物特征进行感知。在五官认知基础上,鉴赏类课程要引导学生达到一种感知共鸣状态,即以审美趣味、价值取向和美感水平为内容的审美体验力的提升。感知需要身体感官、记忆、情绪、认知、社会关系、价值观等综合作用,共鸣强调主观感受,即学生通过作品和艺术家感同身受,促进两者产生共情,继而提升审美意识。鉴赏类课程不仅要培养学生的审美认知和美感能力,更要建立学生的审美价值观,培养学生运用感性的形象性和理性的逻辑性综合辩证分析善恶美丑,引导学生用美的规律改造自身与世界。

(三)实践类美育课程——习得与创造

1.课程内容

实践主要通过技能的习得和创新创造实现。技能,指个体运用已有的知识经验,通过练习而形成的一定的动作方式或智力活动方式。蔡元培说过,"人在保持生存以外,还要享受人生",其中的"享受人生"正是来源于艺术给人的精神方面的愉悦和自由。美育课程中的审美技能教育,分为两个层次:第一层次是技能习得;即"游于艺",是对某一物质技艺的学习和熟练掌握,包括"程序性知识习得"和"认知策略习得";第二层次是技能创新,即"成于乐",使"人由于物质现实地掌握客观世界从而获得多面发展的要求。"它是个体在掌握技能客观规律获得自由愉悦感基础上,通过能力迁移和创新运用,用美感染、熏陶和塑造人的性情。

具体应用到课程教学中,技能习得包括因学习、练习而掌握知识和技能,尤其是技能的掌握需习得行为参与,民俗传统文化工艺的技艺传承更是需要长期、反复地操作和实践才能获得。比如在传统工艺课程中让学生通过习得掌握布艺、剪纸等工艺技能,深入挖掘历代劳动人民的审美观念、精神品质和对美好生活的追求,让学生树立对中华文化生命力的坚定信念,达到"文化自信"。在习得基础上进行技能迁移和创新运用。这是一个量变的过程。体现在教师对学生进行文化引导,指导学生系统且科学地对工艺进行梳理和调研,并对工艺材料、工具、技法进行进一步研究、考证,厘清其历史渊源和文化脉络,深入挖掘图案、符号中的文化意蕴,剖析其审美艺术特征,体会其社会文化价值。在这个步骤中,体现了大量的艺术人文信息。技能创新是在技能习得和文化研究基础上实现的:一是技能工艺的创新,将传统工艺和当代科技手段相结合,对传统工艺进行改进和升级,使之既保留传统核心技艺的属性,又融入现代加工方式以提升工艺的精确性和便利性;二是文化的创新,让传统审美融入时代精神,构建传统工艺的当代文化特性。以工艺内容"民间剪纸"项目为例,"传",传习剪纸技能方法"五要素",包括圆、尖、方、缺、线,进行文化研究,探索融入剪纸文化中的传统人文哲学"物我合一"本质,社会文化精神以及人与自然共生的生态伦理;"承",承接时代美育精神,通过社会性主题作品创作实践,体现出民间剪纸在当代社会精神中融入和传承立新,传递当代大学生的文化担当和历史责任。

需要指出的是,在实现美育课程的审美认知和技能培养基础上,还要充分结合载体开展美育;构建第一课堂、第二课堂协同运行机制;利用艺术展馆等社会资源机构平台,充分发挥美育隐性空间功能;加强校外美育课程实践基地建设。这些都能够促进学生审美能力的提升和锻炼,拓展学生感受美、鉴赏美、体验美和创造美的广度、深度。

2. 课程类型

(1)技能类美育课程——提升审美表现力

如上所述,美育技能包括技能习得和技能创新,技能类美育课侧重于前者,即技能习得,主要是通过某个技能的学习和表现,属于美育课程中的实践课程。如剪纸课、布艺课、版画课、钢琴课、舞蹈课等,通过实践操作掌握一种艺术表现形式的课程。课程教学中包括对艺术基础理论的辅助学习,进而进行技能模仿和练习,是艺术作品创作的基础和前提。此类课程并非单纯以机械技能操作为目的,而是在提升学生艺术表现能力。美学研究中的"审美认知转向"即认知为艺术本质的探讨开启了新思路,研究显示,人们通过认知习得知识,通过切身实践领悟技能,在身体感受不断体验酝酿中内化形成情感。技能类课程是建立在以艺术理论和鉴赏类课程所获得的审美认知和审美体验力的基础上,学生获得了一定审美感知、理解、评价力且具有正向的审美趣味、价值观导向和一定的美感水平,通过技法的习得和掌握表现某种艺术情感美。例如,书画临摹中,清代董启云曰:"初学欲知笔墨,须临摹古人。古人笔墨,规矩方圆之至也。"通过对优秀作品长短线和虚实线、墨色渲染的临摹,观照古人的技术手法,感受他们的内心情感以及文化品位,领悟作品背后渗透的人文思想、笔墨精神和哲思内涵。因此,技能习得作为审美创造的前提,若是光有审美认知和体验力,但缺乏一定的技能技巧,则不可能创造和表现美,但若光有技能,却少了一双发现美和欣赏美的眼睛,那也不能进行美的创造。

需要注意的是,美育中的艺术技能教育要掌握好"艺技"之"度",针对艺术专业类的学生,可"重技",美术教育是培养有艺术技能的人,强调技能熟练度为创作铺垫基础,让学生"技艺兼修";若是针对公共美育课程,应"重艺",通过适当的技能训练让学生掌握基础技艺并重在"神志"之悦,不要刻意强调技能练习而造成学生心理压力感,通过技艺旨在传承审美文化和技艺精神。

(2)创作类美育课程——塑造审美创造力

创作类美育课程是学生在审美认知和审美技能基础上,运用自身审美经验、艺术观念和情感体验,以艺术媒介和艺术语言为载体,按照美的本质规律,根据特定的艺术内容和形式创造出具有审美意象的事物。根据布鲁姆认知六层次理论,创作是通过感知的浅层"识记"和"理解",本质规律的深度"分析",技能的迁移"运用",最终将"所学知识的部分重新组合",综合"形成一个新的知识整体"的过程。从古至今,艺术创作融入了人的自由性,是基于艺术技能领悟基础上,对个体人格精神和思想境界的实现。艺术创作旨在培养学生"较高水平的审美素质",赵伶俐认为,"一个人如果能够对整体中各部分和要素之间有机匹配关系的敏锐感知和理解,并获得身心愉悦体验(美感),就可以说他具有了最基本的审美素养;如果进一步深造后掌握了美的本质(和谐)和美的基本规律,并能通过一定的技能表现创造出新的和谐事物,就可以说他有了较高水平的审美素质"。艺术创造是学生运用感知、思维、记忆、情感等综合能力,对现实生活进行观察、体验、分析和加工,塑造艺术形象,形成崭新的审美意象的审美过程。学生通过心和脑中的审美意象,通过手和眼转化为实物,并通过创造物表现自身情绪和思考。因此,艺术创作要求创作者具有丰富的审美经验、娴熟的技能技巧、深厚的生活积累和高尚的思想情操。

具体在课程教学中,教师要将表现美学特点和文化理解的"审美"、体现时代精神和技能技巧的"创美"两者相融合,"创美"基于"审美",让学生明白"美之所以在",深入领悟"传承"是传统技艺和文化精神在新时代的巩固和延续,将此作为课程的共性之处。课程的个性之处则体现在对于非艺术专业的学生,引导其运用简单技法将审美意象创造性生成即可;对于艺术专业学生,则可鼓励其形成较为成熟的审美意象,并通过熟练的艺术表现手法将抽象的意象事物进行综合且情感丰富地表现。课程教学中,一方面,可以就某类艺术的创作思路和步骤进行讲解,分解普及创作方式,在赏析大量艺术经典作品基础上,引导学生通过想象性创造和思维,让学生产生丰富构思,形成独特的创作思想和感情。创作中,要注意引导学生将手工艺材料、工具的运用与创新思维向内转换形成自我感受,通过移情作用将自身与工具、材料融合在一起,形成心手合一、身心融合的特定情境和场域,让学生内心沉浸专注产生浑然忘我的体验。培养学生美育创造力,可以在教学中以真实且具有趣味、宽松且自由的活动,培养学生内心对美育文化的认知共识和浓厚兴趣。意识作为行为的先导,只有让学生对艺术品产生共识才能让学生自主进入氛围中,聆听文化的历史脉搏。另一方面,"全部社会生活的本质是实践的。"美育实践课程中的创造灵感来源之一是充分利用社会资源和社会空间来增强教学效果,以实践教学突破场域局限,营造轻松自由的非结构化学习方式。社会中带有教育性质的工艺文化场馆,是美育课可以延伸的教学场域,设立大课堂理念,挖掘整合社会育人资源。充分利用社会资源,体现出它作为活教材具有的情境化感染作用,彰显"新时代"美育课程实践品格。引导学生用"美"塑造城市,助力乡村振兴事业,用实际行动真正践行"美就是创造力",真正打通社会美育和学校美育,促进个体社会化,实现"大美育"理念。

第三节　高校美育课程的类别与设置

一、美育课程的类别

探讨美育课程在高校实施的必要性,探索高校美育课程的实施方案,提出美育课程的类型及层次问题,有非常重要的意义。一方面,要参照相关教育教学指导意见来厘清高校美育课程设置的基本准则,或者说是课程设置的规范原则。具体而言,高校美育课程设置的依据和原则要在人

第三章 高校美育课程研究

才培养规格的框架下执行,需要考虑课程与社会需求的直接关系,考虑课程与课程之间的关系,考虑课程设置与课程知识之间的关系。因此,课程改革也应遵循明确标准、面向社会服务、重修与辅修兼顾、学校与学生双向互动等原则。另一方面,要体现高校美育课程的特殊性,这些特殊性主要体现在学生的素质培养上。在当前高校人文学科大力提倡文史哲艺均衡发展的背景下,艺术教育被许多综合性高校列入了通识课程计划,成为高校人文素养教育的重要选项。不仅是文科,理、工、农、医科也都主张将美育课程的介入进行,以纠正长于逻辑思维、弱于形象思维的思维模式。事实证明,对长期处于应试教育环境下的学生而言,由于缺乏艺术美的熏陶,容易将形象思维与逻辑思维割裂开来,以至于在实际生活当中,出现了许多学历高、智商高但审美能力表现较低的现象。还有一部分理、工、农、医科学生受制于专业鸿沟,没有接受过艺术知识的基础教育,对于形象思维、情感思维认识也有不足。在他们眼中,逻辑思维就是人的全部智慧,对于艺术形象思维或者艺术创作都还抱有可有可无的态度,甚至认为"艺术无用"。因而,需要清醒地认识到美育及人文艺术修养对于开发一个人创新能力与研究能力的重要性,对人的身心健康的支柱作用以及对人的发展的强大的助推力量。

高校美育课程,特别是综合性大学的美育课程,可以考虑如下类型的课程设置:

第一类是艺术基础课程。所谓基础课程,是高校美育的基础,包括所选择的艺术门类的欣赏基础和技艺基础。例如,美术中的素描、色彩、构图等基本技法的学习,音乐基本乐理与视唱、声乐技能与歌曲欣赏、钢琴基础与钢琴即兴伴奏、音乐欣赏知识及中外乐器介绍与乐队编制等。通过这些课程的学习,学生可以掌握绘画和音乐基本技能,提升美感和审美素养。换言之,让学生掌握一些"艺术母语",作为美育课程学习的支撑,有助于理解美育提升艺术素养的一般规律。这些课程的重点是教授基础性认知和入门技艺等,激发学生对艺术理解的热情,从而开发美育的创新思维。

第二类是文化艺术史。讲授的是艺术背后的文明史故事,涉及历史性建筑、博物馆里的藏品、著名艺术家和文学家的作品,甚至是一部电影、一本画册或是文化通史等。简而言之,这些故事都铭记着人类文明进化的历程,承载着对诗与远方的憧憬。借助文化史的叙述,艺术史可以更加丰厚。文化艺术史课程旨在引导学生了解人类文化艺术和美学的发展历程,帮助他们拓宽视野,丰富世界观,并深化对文化的理解。在这些课程教学中,学生将学习各种艺术形式的历史以及不同时期、不同文化区域的艺术作品、艺术流派和艺术风格等。

第三类是艺术实践课程。艺术实践课程应该属于一种双选加强型课程,是具备一定艺术素养和基本的"技术母语"之后的选修课程,是针对学生进行艺术创作和艺术实践的重要训练环节。这类课程涵盖绘画、雕塑、摄影、设计、舞蹈、音乐和戏剧影视等多个艺术领域,让学生从艺术创作和艺术实践中提高审美素养和艺术表达能力。通过艺术实践,学生能够体验和感受真实的艺术,并通过实践探索艺术创作的各种可能性。

第四类是设计基础课程。这类设计课程名目多样,有"设计原理""设计表达基础""设计美学"等,都可算作基础课程。这些课程旨在帮助学生了解和掌握设计的基础知识和基本技能。这类课程还包括许多专业基础的实践类课程,例如视觉传达设计、平面设计、产品设计、空间设计以及传统手工艺等。这些课程帮助学生理解设计理念、传统工艺文化观念、设计语言和流程。这些基础课程的学习,重点在于培养学生认识、把握和参与设计的能力,并助其养成敏锐的观察能力。

第五类是艺术批评与鉴赏课程。这类课程的突出特点是对艺术素养与审美眼光进行训练,即学生通过对艺术创作与作品的理解分析,参与艺术评价。这类课程涵盖范围广、内容丰富,既涉及文化、艺术和历史等多个领域,又关涉文化与艺术修养。事实上,所有的艺术批评与鉴赏都是具有互动关系的,艺术批评离不开对艺术作品的鉴赏,艺术批评又为艺术鉴赏提供丰富的知识储备。当然,艺术批评眼光的高低也反映出批评者的知识积累与思辨能力。并且,艺术批评与艺术鉴赏在整个艺术生产活动中也越来越起到至关重要的作用:一方面可以帮助人们更好地理解和欣赏艺术作品,提高人们艺术审美感知力与鉴赏力;另一方面,艺术批评与艺术鉴赏又是对艺术作品接受程度的反馈，可以让艺术家知道自己的作品在观众心目中的位置和传播状况。最为重要的是，这是丰富艺术发展内涵、使艺术创作迈向繁荣的重要推动力。当然，作为课程，其主要目的还是帮助学生理解和分析艺术作品在文化、社会和时代背景下的价值和意义，同时提高学生对于艺术的批判思维能力。

以上可以说是高校美育课程的基本类型。通过这些课程的学习，能够满足学生艺术素养和文化修养提升的需求，并进一步成为富有艺术创造力的人才。

二、美育课程的设置

高校美育课程究竟如何设置？这不可能由教育主管部门给出统一方案，而是由各个高校根据自身特点，尤其是师资条件而定。对此，教育部也给出了相应的指导原则，早在2006年印发的《全国普通高等学校公共艺术课程指导方案》（以下简称《课程方案》）中就曾明确指出，"每个学生在校学习期间，至少要在艺术限定性选修课程中选修1门并且通过考核。对于实行学分制的高等学校，每个学生至少要通过艺术限定性选修课程的学习取得2个学分；修满规定学分的学生方可毕业"。文件规定了艺术课程的具体要求。2019年再次印发的《课程方案》则削弱了这一具体的要求，仅作出了指导性的要求，文中规定："每位学生须修满学校规定的公共艺术课程学分方能毕业。"由此可以看出教育部对各高校美育工作的开展给予了较大的自主选择空间，由高校根据自身的实际情况实施落实。

此外，在高校公共艺术课程建设方面，《课程方案》还提出了美育的普及性问题，要求将艺术课程与美育实践活动纳入人才培养方案当中，艺术课程的建设要避免统一化，要因地、因校制宜地进行建设，课程要体现出时代性、地域性、校园特色等。这样的课程当然也不只是理论类课程，也包括实践活动。鼓励高校扩大艺术类课程的覆盖面，让更多的学生得到艺术和美育的滋养与陶冶。在专业艺术教育方面，《课程方案》提出了更加专业和现实的目标，要求课程建设注重与学校的内涵建设、办学特色相结合，具体建设要体现出学科专业布局的优化以及人才质量的提升等。

归纳起来说,高校美育课程要在为学生服务的同时考虑为社会服务的路径,服务于国家级一流专业建设与卓越拔尖艺术人才的培养。

总之,高校美育课程的推行,既要考虑到高校的性质,又要考虑到学生的发展方向。美育课程设置要符合教育教学规律,既要考虑理论课程与实践课程的占比、美育课程与通识课程的占比,还要考虑到办学特色与学校定位、人才培养的质量与专业发展的需要等。

第四节 高校美育课程的实施策略

一、优化调整顶层设计方案

新文科背景下,高校美育课程面临全新的形势,在课程建设与实践过程中需优化顶层设计,以达到最佳的教育教学效果。第一,高校美育课程在以美育人、立德树人、以文化人等方面具有不可替代的优势,需积极承担相关责任,促进学生的全面发展。美育教育是高校教育领域的系统性工程,需要全员共同参与方可达到理想效果。为此,高校需优化调整美育课程建设与实践的顶层设计,强化组织保障,落实党组织责任,将美育教育与思想政治教育相融合,以确保美育教育达到预期效果。第二,新文科背景下高校美育教育需坚持以美培元、以美育人、以新思想育人的基本原则,结合自身实际情况确定美育课程的顶层设计方案。比如部分高校采用一体四维的模式完成美育课程的顶层设计,具体内容包括课程美育体系、教材美育体系、第二课堂美育体系、地域文化美育体系。课程美育体系的主要内容包括综合美育课程、艺术美育课程、专业美育课程;教材美育体系的主要内容包括艺术美育教材、专业美育教材、综合美育教材;第二课堂美育体系的主要内容包括社团活动美育、社会协同美育;地域文化美育体系的内容需结合高校所在地区的文化特点及校园文化特点进行确定,比如黑龙江某农业院校在地域文化美育体系建设过程中积极推行铁人精神美育、北大荒精神美育、校园文化美育建设,并取得良好效果,其成功经验值得借鉴。

二、建立完善的美育课程教学体系

高校在人才培养过程中需结合实际建立完善的美育课程体系,在人才培养过程中渗透美育教育的相关内容,并促进各学科的融合,打破学科知识壁垒,实施全过程及全方位的美育教育。在构建美育课程教育体系的过程中,高校需采取如下措施。第一,高校需结合各专业人才培养模式的特点及社会对专业人才综合素质的要求,结合美育课程跨学科的特点及优势,结合学生美育需求,建立能够培养学生的人文素养、审美能力、创新能力,增强学生继承和发扬优秀传统文化责任感的教学体系,并在教学体系中加入艺术经典教育等公共艺术课程内容,实现美育教育效果的提升。第二,高校在设置美育教育课程体系的过程中需将自身的优势学科与美育课程相融合,积极挖掘课程中蕴含的美育教育资源,合理设计教学内容,引导学生积极参与美育课程的各个教学环节。第三,高校在美育课程建设与实践过程中需积极树立品牌意识,持续推进教学创新改革,建立具有创新性、挑战性的高端美育教育课程。同时,高校需在常规学分制管理过程中加入美育课程,以提高教师及学生对美育课程的重视程度,并邀请教育专家对美育课程进行论证分析,确定现有教学体系存在的缺陷,优化调整美育课程教学方案,打造具有品牌效应的美育课程,以达到最佳的教学效果。比如某农业院校在美育课程体系建设过程中以新农科、新文科理念为基础,建立科学完善的美育课程体系,促进美育课程基础知识与各学科知识的深度融合,以提升美育课程的综合性,使学生具有高尚的人格修养及崇高的审美追求。该高校在美育课程体系建设过程中建立文农结合的美育综合课程,在农科与文科专业中均开设跨界审美、大学美育、人生与审美等课程,在教学过程中引导学生认识美的规律及本质,培养学生的专业审美思维及创新能力,使学生建立积极向上的人生观和价值观。同时,该高校开设以人文为核心的艺术美育课程,教学内容包括绘画欣赏、书法欣赏、舞蹈欣赏、音乐欣赏及电影欣赏等,以提高学生的审美能力及文化素养。另外,该高校积极推行文化美育、科学美育、社会美育、自然美育,结合自身专业特点,开设工程设计美学、农业生态审美、园林艺术审美、昆虫美学、观赏植物审美等课程,以提高学生的专业审美素养。

三、推进先进技术与美育教育的融合

当前,我国科技高速发展,计算机科学、人工智能技术、数据科学等先进技术在多个行业得到应用,人们的工作及生活方式均发生明显变化。为适应时代发展趋势,高校在美育课程建设及实践过程中应积极融入先进技术,不断创新教学方法,完善教学内容,增加教学实践环节,以促进教学质量的持续提升。第一,高校需加大投入力度,积极引入云计算、大数据、物联网等先进技术,建立智慧课程,引导学生主动学习美育相关知识。第二,高校需建立线上与线下相融合的美育教学模式,以线下课堂教学作为美育教育的主阵地,并采用线上教学的方式作为补充,积极开设精品线上美育课程,为学生推送优质的教育资源,并在线与学生进行深度互动交流,动态解答学生在实际学习过程中遇到的各类问题,以促进学生思想文化素养的全面提升。

四、加强教材美育体系建设

教材是新文科背景下高校美育课程建设的基础,高校需依据美育课程体系的顶层设计方案,统一规划编写美育教材,并在教学过程中收集学生对美育课程教材的反馈信息,及时调整完善教材内容,以达到最佳的教学效果。比如高校可编写《中外美育书目导读》《大学美育读本》等教材,教材内容应包括艺术美育、综合美育等,并加入地域文化美学及环境美学等符合高校专业特点的美育教学内容,以达到最佳的美育教育效果。

五、建立完善的美育课程评价标准

高校在美育课程建设与实践过程中需建立完善的评价标准,准确评估教学效果及学生的学习情况,并依据评价结果制定后续教学方案,以保证美育教育达到预期效果。在开展美育教育评价的过程中,高校需建立师生双向评分机制,学生可对教师的教学流程、教学方法、教学内容、师生

第三章 高校美育课程研究

互动效果、课堂趣味性等进行评价,教师在常规考试评价的基础上,重点评估学生的课堂表现、学习态度、美育教育实践参与情况、道德品质等,通过综合评估判断学生的思想道德素质、文化素养,并为学生提供有价值的指导意见,使学生的美育水平不断提高。

第四章　高校美育课程的教学分析

第一节　高校美育课程的教学方法

美育教学活动是一个艺术的过程,作为教育者,通过美育教学方法的改革和创新给学生一种美的享受,让学生在这种轻松、愉悦的审美环境中学到知识技能,实现心灵沁润。美育应遵循独特的教学方法和原则,深化教学改革,"着力提升文化理解、审美感知、艺术表现、创意实践等核心素养"。美育课程教学原则体现在以下五个方面。

体验性原则。王一川在《审美体验论》中提出:"体验,就是以身'体'之,以心'验'之,即身体力行,亲身实践。"缺乏身心的亲历亲证便不能成为真知。

交流性原则。体现在课堂中知识的有效输出和输入,教师和学生要形成互动交流的良性循环。要求教师注意教学过程中的互动性。教学过程是教师和学生,即教与学双方思想和感情的交流过程。

个性化原则。美育是欣赏美、认知美、体验美和创造美的教育活动,审美没有统一评价标准,我们要重视学生的个性化表现和理解。

多样化原则。采取灵活多样的教学组织方式和教学手段达到良好美育效果。以"互联网＋美育"为载体,充分运用现代教学技术,发挥现代化教学手段在美育教学中的作用。通过5G＋VR教学媒介,发挥多媒体、网络的灵活性和丰富性,运用图片、音视频等技术在教学过程配以画面和音乐,将经典艺术作品更加直观地展现在学生眼前,通过声、像、光、电等先进的远距离或跨时空进行教学的现代化设备,使教学内容更具情境化、生动化、形象化,充分调动起学生的审美兴趣和审美求知欲,创造出更易于实现审美体验的教学情境,促进学生审美素养和审美趣味的提升。

层次性原则。充分体现审美活动是一种兼具感官满足和精神愉悦的体验,人的感官从视觉交互、听觉交互、体感交互等方面获取不同信息,构建起审美认知系统。通过"手""眼""心""脑"不同感官参与,"手"负责绘画和塑造,"眼"负责观看和捕捉,"心"负责领悟、表达和沟通,"脑"负责鉴赏和创作,四个感官协同互动。

一、沉浸式教学法

学校美育综合改革旨在提升学校文化理解、审美感知、艺术表现、创意实践等核心素养,整合学校美育资源,加强社会资源供给,充分挖掘学校艺术场馆的社会服务功能,形成充满活力、多方协作、开放积极的美育新格局。学校作为美育实施的重要途径,通过组织引导学生认识美的规律和美的事物,让学生欣赏美、感知美、体验美和创造美,实现全面教育。美育是生活文化,是一种审美情感的培养和人文素养的提升,而非一种技能性的教与学。美育教学实践离不开身体与情境的相互作用,环境影响身体而身体影响大脑,所以高校应将具有情境渲染和生活本质的沉浸式教学作为美育创新实践开展。

沉浸体验是"个体高度关注、全身心投入而产生的畅快感,其目的只是更好地完成任务",也是"个体挑战某种活动与达成活动所需要的能力相互平衡时产生的一种心理状态",是"融合意识与行为的整体感受"。被称为"最优体验",它"往往伴随着个体的愉悦感"。切克森米哈赖提出沉浸体验的八个特征,即挑战与技能的平衡、注意力集中、清晰的目标、即时的反馈、活动与意识的融合、潜在的控制感、自我意识丧失和时间知觉扭曲。也就是说当一个人处于沉浸状态时,会产生一种时间过得比平时快的感觉。其核心是关注人们如何才能有效地进入沉浸状态而获得情绪体验从而激发工作的创造力。

沉浸式教学是运用沉浸式教学理论的一种教学实践方法。是将沉浸理论实践运用于教学中,作为一种教学活动和方法,它以良好文化环境为背景,引导学生关注学习过程和活动,激发学生内在求知欲和引导外在显性行为,从认知、行为和情感层面获得体验进而实现人的全面发展。教学过程中为学生创造良好的学习情境和学习氛围,这与建构主义的"情境性认知"和"情境性学习"所强调的"学习、知识和智慧的情境性"有着相同的认知维度。沉浸式教学坚持以学生为中心,强调学生主体体验,能提高教学效果及学生实际应用能力,能将课程内容有效转化为学生认知意识、个体品质和社会行为等。

  我国国内对沉浸式体验的研究始于 2007 年,且陆续有学者丰富研究领域,主要围绕学习主体的心理角度。田雪红认为,沉浸体验的个体"沉浸在愉悦当中",且能"使解决问题简单化";曹新美把沉浸体验归于积极心理学重要的组成部分之一,认为沉浸式体验"需要多种心理资源参与而体验到的过程";雷雳等提出,沉浸体验是个体"全身心地深入参与"某一活动中而出现"忘我、不受外界干扰"的积极情绪体验,并在积极心理学研究上,补充了关于沉浸式体验的特点,认为在沉浸体验状态下的活动过程中"自我意识会暂时丧失、有较为清晰的活动目标、自己的能力与活动的挑战性之间达到平衡状态、行动与意识相结合、对当下的活动有良好的可控感、有直接的即时反馈"等特征;针对高职生学习沉浸体验,梁婧认为学习主体产生学习沉浸体验时,"学生的能力与学习活动中遭遇的挑战能够达成均衡状态,继而使个体体验到一种积极的情绪",且有一种"目标清晰""内心愉悦"体验感。沉浸理论的应用领域主要涉及网络应用,包括多媒体、游戏、网络社交工具、数字化阅读、网购等方面;教育教学应用,涉及中小学阅读、高中化学、大学英语、管理学等;职业领域应用,主要包括有医护人员、研发人员、企业员工、房产销售等;艺术创造应用,主要涉及有美术、艺术创作、电影等;移动终端应用,涉及 AR、VR、手机、网络视频等;心理团体辅导的应用,主要涉及团体心理游戏。

二、愉快教学法

  愉快教学法,源自英国教育家斯宾塞于 1854 年提出的"快乐教育"思想。孔子提出的"乐学"思想亦有此意,"学而时习之,不亦说乎"从根本上肯定了学习本身是充满愉快的,"知之者不如好之者,好之者不如乐之者"从学生的角度明确了愉快教学的宗旨。明代教学家王阳明将"春风化雨"比作教育,对后世教育理念有重要启示意义。愉快教学法在课堂上表现为通过教师引导,激发学生的学习兴趣和学习动力,获得良好教学效果的一种方法,它具有课堂教学和愉快教学双重性质。

审美愉悦,作为一种正向审美情感,是一种比简单的感官愉快更加复杂的愉悦情绪体验。审美愉悦既有人对美的刺激的感官愉悦,也有对审美对象"因感而知"的动心之乐,还有"审美高峰体验中物我两忘、心与心交融的沉浸陶醉"。从古至今,国内外不同学者对审美愉悦进行了本质阐述。中华传统文化中,庄子提倡审美愉悦是忘我境界;柏拉图认为审美愉悦是领悟到美的真谛所感受的无限欣喜;亚里士多德认为,审美愉悦是体现在一种真切地感知中所体会的愉快;康德认为是审美个体根据美的形式产生的对自然美或艺术美的一种情感性响应。滕守尧提出了审美感官愉悦、审美领悟愉悦和审美精神愉悦三个层次,李泽厚将审美体验分为"悦耳悦目""悦心悦意""悦志悦神"三个层次。神经美学中也提出审美愉悦不是一种简单的愉悦感受,它具有不同层次的神经机制的参与和加工,能激发出深刻且强烈的审美情感化表现。美育课程作为审美情感化课程,强调运用形象思维解决问题,侧重审美主体的感情表现,与政治、金融、法律等抽象理性思维课程具有显著不同。在美育课程教学中,教师要引导学生通过艺术作品展开丰富情感想象,与审美对象或作品创造者产生情感共鸣。因此,美育课程教师要具备一定基础的美学理论、教育学等综合素养,精通一门或两门包括美术、音乐、舞蹈等艺术门类,且具备一定教学技能和教学艺术方法,通过生动、形象、优美的语言和恰当的体态语言,包括亲切和蔼的表情、高雅气质、端庄行为等,作为教学反馈中最重要的课堂输出,让学生在美育课堂中具有一种审美愉悦感。

三、混合式教学法

混合式教学法,以"混合"作为其核心,基于互联网背景开展教学,将多种信息技术、学习技巧、学习内容、学习媒体和学习环境相互交叉和融合,适当使用信息技术,诸如网络、音频等数字媒体,通过对学习者学习风格和水平特征分析、课程教学内容和实际环境进行综合评估,充分结合课堂教学中师生面对面交互和基于多媒体网络下的教学模式两者优势实现互补,达到学生认知的最佳效果。它充分体现了教师的引导性以及学生的主动性、积极性和创造性,通过课前认知、课堂互动和课后反思等学习活动,启迪认知,传授技能,创新拓展,引导学生从浅层概念的基础性知识内化为深度理解的元认知、程序性知识。随着近年来移动终端的快速发展,混合式教学更成为一种适合于当下社会环境的教学模式。

混合式教学法最早起源于美国企业的混合式培训,将其定义为"学习者可以在线上与线下根据自身需要进行自主学习,掌握且提高个人学习技能,提高工作效率的一种学习方法"。这种培训方法又被教育学家应用到教育领域,称为混合式学习。在国内,混合式学习的理念最早由何克抗引进,后来又有诸多学者对其内涵进行了深入的探索和研究,最具有代表性的包括黎加厚、李克东等。混合式教学法中存在的传统面授和网络系统两者关系是"优势融合互补",既是教师对学生的"引导和启发",也是对学生"学习有效监控"。两者并非"简单叠加",要兼顾"个性化学习"和"参与性学习"等各要素"有机融合"。在教学中采用"不同媒体和信息传递做媒介""降低成本提高收益"。混合式学习旨在实现"教学目标"和"学习目标",教师通过对"方法、模式、媒体和技术"教学要素优化组合,灵活使用"教学模式和理念"。它是一种融合"资源、技术、环境和学习"的"创新教学模式"和"生成性的教学设计"。混合式教学活动以"知识—目标—活动"为核心,将"知识类型""教学目标"和"学习活动"对应匹配。在MOOC教学活动中,通过"理解创建""交互分享""反思评价"和"学习支持"作为其学习指导。在混合式教学环境下,通过"理论概念学习类""实践问题解决类"和"作品演示设计类"三类学习活动展开。

综上所述,混合式教学法是在混合式教学思想和内涵的基础上,将传统的面对面教授模式和数字网络环境有机融合形成的教学系统。它是通过对教学要素进行理性设计,在教学中运用多种教学理论、教学方法和多元化学习评价,创造出来的一种兼具效率性、创新性和深度性的教学新形态,旨在实现学习目标的合理化和最优化。混合式教学强调任务引领和学习情境化,根据专业特点,选择合适的网络教学平台,运用合理的网络教学资源,通过教育理论基础作为活动和教学设计的思想指导来设计和开展混合式教学实践。

第二节 高校美育课程的教学模式

高校美育课程承载着实现美育目标和促进学生审美素质发展的重要使命。在高校教学中建构科学的美育课程体系,研究高校美育课程教学模式具有必要性。该文通过六个方面的教学模式创新,论述通过教学改革优化高校公共美育课程,构建科学、完善的高校美育课程体系和美育教学模式。

美育即审美教育,能够提升学生的审美观念和人文素养,在素质教育中具有独特而重要的作用。随着经济和文化的迅速发展,美育的重要性越来越突显。国家有关部门颁布了有关美育的指导意见。国家的一系列举措表明美育具有其他教育不可替代的功能,发挥着独特的作用,国家高度重视文化艺术,推动美育不断向前发展。由此可见,在信息瞬息万变的今天,特别是多媒体技术的迅速发展,人们需要用更直观的方式掌握知识。大学生通过美育课程感受艺术文化的传承,能够体会到美术作品的文化底蕴和画面所表现出来的意境。在当前的大环境下,高校的美育课程承载着开展艺术教育的重要使命。在高校教育教学中构建科学的美育课程体系,推动学校美育教学模式改革,对提高学生的鉴赏能力和审美素养具有至关重要的作用。

大数据时代,多媒体信息技术在课堂教学中的应用相当广泛,而以图像为主要展示途径的高校公共美育课程对其尤为重视。讲授法是教师普遍使用的一种传统教学方法,便于教师掌握课程的教学节奏,向学生传达相关知识。为了适应时代的发展,人们应该在讲授法的基础上增加多样化的教学模式,注重教学方法的改革和创新,不断提升教学效果,实现课程教学目标。

一、多样化教学方式的全面实践

美育应该因材施教,尊重大学生的个性发展。教师要结合不同学生的实际情况进行美育,要了解学生对知识的掌握情况,进行多样化教学方式的实践。多媒体信息技术将美术作品直观、生动地展现在学生面前,强化了美术作品的视觉效果,也让学生可以直观地欣赏美术作品。在这样的环境下,要改变教师讲授的单一模式,发挥教师的引导作用和学生的主体作用,让学生学会思考和探索,培养他们深入思考和研究问题的能力。教师可以将体验式教学、案例式教学、启发式教学、情境式教学等多样化的教学方式引入课堂,并合理组织教学,以增强课堂的趣味性和生动性,鼓励学生参与,调动学生学习、思考的积极性和主动性,实现艺术教育和素质教育的教育目标。

二、互动式多方位讨论的有效运用

在互动式多方位讨论中,学生以课堂讨论的形式参与美术作品赏析,并结合图片资料和视频资料对作品进行解读。要充分发挥学生的主体作用,就必须关注学生的兴趣。教师可以根据学生感兴趣的热点,将其有选择地引入课堂,从学生的专业出发,寻找艺术与其专业相关的结合点,这样学生就能主动收集相关信息,调动学生思考的积极性。针对不同的课题内容,学生在课堂上进行多方位讨论,将自己的理解和分析与其他同学、教师进行交流,完成探究式学习和讨论。

通过互动式多方位讨论,教师积极引导和鼓励学生大胆发表自己的观点和看法,教师对此进行分析和点评,指导学生用正确的方式鉴赏和审美,使他们能够认识到美术作品的艺术魅力,对其进行评价和分析,继而进行美的探索,帮助学生快速掌握知识,提高学生的创造力和想象力,培养学生的艺术素养。

三、比较式教学方式的知识传授

大数据时代让图像传播空前便捷,美术教育对高校美育课程提出了新的要求。视觉文化的发展要求美育的观念与教学方法与时俱进。美育教学往往会涉及一些艺术基础知识的学习,这有利于学生掌握艺术的发展进程和艺术作品的内涵。教师在美术教育中运用比较式教学方式,能将理论知识变得易学好懂,将作品变得更加直观明确,更有利于学生对美术作品的审美欣赏。

教师在高校美育课程中采用条理化的纵向模式和差异化的横向模式进行比较教学,能够通过比较加强学生对美术作品艺术特征的认识,使学生发散性地思考问题。通过横向和纵向的比较,能使学生直观、多角度地了解艺术知识,使理论知识形象化,更清楚地把握艺术作品的艺术特点,从而增强对美术作品的鉴赏能力。

四、大数据时代网络课程平台的运用

随着高校网络课程平台的进一步完善,教师基本能够实现通过平台进行授课、答疑讨论、作业提交、课程考核等基本教学活动。教师可以在网络课程平台上为学生提供丰富的教学资源,通过分组交流和话题讨论进行有效互动,并通过记录网上学习情况给予相应成绩,完成对学生作业的批阅。同时,教师可以利用网络教学充分调动学生学习的积极性,并引导学生改变学习方式,让学生完成课堂学习和课后学习,全方位进入美育课堂。

教师在互联网大数据时代建立网络课程平台,利用QQ、微信等平台建立移动课堂,突破以课堂为中心的教学模式,利用网络公开课、开放教育资源、导入视频教学等方式有效构建课堂内外的教学衔接,可以逐步完善高校美育课程的系统体系,更好地培养大学生的美育素养。

五、多元化教学团队的合理组建

高校公共美育课程承载着美育普及的重任,关注的是学生的素质,这对任课教师提出了更高的要求。作为学习的引导者,教师对艺术的理解和认识会影响学生对艺术的兴趣和审美认知。在此基础上,为了提高美育课程的教学效果,高校要组建多元化的高水平教学团队。任课教师虽然具有深厚的艺术素养和理论知识,但要专业有针对性,高校美育课程的多元化和普及性要逐步深入开展。

教学团队要及时更新教学观念,深化教学理念,建立教学团队共同授课机制,发挥各自的专业优势,提供给学生最好的教学资源,以提升教学质量。同时,要进行团队化的教学组织管理,根据教学任务组织团队进行主题内容的建设,同一方向可以有多个主题的教学内容,根据不同专业学生的不同需求,有针对性地提高学生的学习兴趣。高校公共美育课程的教学研究能够促进教师教学水平和科研水平的不断提升,促进学校公共美育课程的良性发展,促进学校教学质量和人才培养质量的稳步提高。

六、资源化教学环境的有效利用

高校公共美育课程教学要广泛利用高校和地方的资源优势,包括学校的展厅、艺术学院的工作室以及当地的美术馆、博物馆、文化馆等。教学环境的转换改变了课堂上利用图片和视频展现美术作品的方式,让学生在课堂以外的教学环境中近距离获得更直接的知识,更深入、全面地了解艺术。教学环境的转换能够给学生带来新鲜感和求知欲,给学生直观接触艺术作品的机会,更能有效培养学生的兴趣和爱好,完成美育的任务和目标。

高校通过美育课程教学为学生提供教学资源,通过组织校园艺术活动、校园文化建设和艺术实践活动为学生提供美育实践场所,使学生在理论和实践中进一步提升审美能力。通过课堂教学与课外实践相结合,艺术美育与现实生活相结合,高校逐渐形成了独具特色的创新人才培养模式。为了开阔审美视野,提升审美能力,学生需要在具备一定基本知识的基础上,在实践中进一步巩固美育成果。

笔者结合近年来美育课程的教学实践经验,融合美育理论研究和实践积累,提出教学模式改革和创新的相应策略。通过以上六个方面的教学模式创新,强调通过教学改革优化高校公共美育课程,并进行系统整合,形成科学、有效的高校美育教学体系是完善高校美育课程迫切需要解决的问题。

高校美育课程担负着实现美育目标和促进学生审美素质发展的重要使命。在美育大环境下,笔者通过高校美育课程的分析与研究,对高校美育课程教学模式进行创新优化。构建科学、完善的高校美育课程体系和美育教学模式,有利于提高高校美育课程的教学质量和整体教学水平。高校美育课程教学模式的改革创新,能够逐渐建立起以培养学生能力为基础,着重素质和拓展的新型教学模式。高校美育课程是有利于学生全面发展的课程,通过美育课程的优化和教学改革,构建科学的教学体系,高校能够确立学生的主体地位,拓宽学生的艺术视野,培养学生的创新精神和艺术素养。科学、完善的教学模式能够培养学生树立正确的审美观念,培养学生的学习兴趣,塑造学生的艺术品格,使学生感受艺术、理解艺术,从而有利于学生综合素质的全面发展,实现美育的教学目的。高校美育课程教学模式改革能够促进高校公共美育课程的良性发展,实现高校美育教学的可持续发展。

第三节 高校美育课程的教学内容

随着我国高等教育的深化改革,学校为受教育者提供了更自由的学术空间和更开放的学习氛围。学生选择学习内容的时间和空间的自主性和自由度明显加强。加之现代信息化社会的迅速发展,在大众文化的冲击下,学生会自觉地从各种渠道摄取有关美育的信息。而作为以美成人的审美教育的发展,亟须在审美教育目标的指引下,不断丰富发展教育内容,从而满足大学生日益发展的审美需求。

一、美育内容的基本类型

在近年加强高校素质教育的整体形势下,美育对于培养大学生综合素质的重要作用日益得到人们的关注,美育的教育内容也得到了丰富和发展。越来越多的审美教育者开始不断探索符合理想人格要求、适应时代需要的新的美育内容,并且注重美育在高等教育中的理论研究和实践创新,这些对促进美育的不断发展都起到了重要作用。当前美育教育主要分为以下几个方面。

(一)按照教育范围分类

一般可包括家庭美育、社会美育和学校美育等三个方面。其中家庭是人生的起点,也是美育的起点。家庭审美教育给予人的影响是基础性和不可替代性的。之所以如此,是因为家庭美育是建立在以血缘和亲情关系为纽带的家庭日常生活基础之上的;家庭日常生活的内容极为丰富、广泛、具体,并处处注入感情的因素,对家庭成员尤其是孩子施加着全面入微的深刻影响。家庭美育的主要对象是孩子,父母则是家庭美育的第一任教师。应该把家庭日常生活看作一种教育,从这里找到家庭美育实施的途径。社会是一个广阔的空间,为审美教育提供丰富的素材。社会美育的领域极为广泛:影剧院的演出,电视、广播中的节目,音乐厅、展览馆、博物馆、文化宫、俱乐部、体育场、游泳池、图书馆以及生活环境的美化,风景游览区的开发,名胜古迹的整修,还有商店橱窗的布置,路边广告的设计,这些都可以作为社会美育的工具和场所,成为社会美育的组成部分。人的内在世界的美,精神世界的美,即人的心灵美是最具重要意义的美,最富有光彩的美,是社会美的核心,是人类美的精髓。学校美育是对大学生进行人格养成教育的有效途径。基于学校本身"教书育人"的基本功能,在高校校园中通过实施美育来促进大学生理想人格养成和思想素质提升均有着相对便利的环境条件。

(二)按照性质分类

按照美育内容性质不同可以划分为:自然美育、艺术美育、人生美育三个大类。自然美是最原始也是最贴近人类生活的美,它就蕴藏在大自然之中。自然不仅为人类的生存发展提供基本的物质基础和环境,同时也是丰富人的精神生活使人获得美感的基本源泉。自从人类开始用审美的眼光来看待世界,大自然就成了人类的审美对象。只要我们身处于大自然当中,就可以感受大自然的美。而想要进一步欣赏自然美,真正实现自然美育,就必须了解自然美,提高对自然美的欣赏能力,培养学生热爱自然之情。艺术是艺术家借助一定的手段方式对现实生活的典型性的概括反映,是艺术家创造性的劳动成果的产物。艺术美既来源于现实美,又高于现实美。艺术美育是现实美的凝练和集中,它包括音乐艺术美、美术艺术美、影视艺术美、文学艺术美和环境艺术美等。人生美育也是审美教育的重要组成部分,人有心灵美、形体美,有属于人与人之间的语言美、服饰美,有属于群体活动的环境美、人情美。人生美是指社会事物、社会现象、社会生活的美,它是美的最直接的存在形式,是现实生活美的最主要、最集中、最核心的部分。人生美育主要是由人的思想意识、情感以及它们在人和自然的相互关系中的体现而组成的。

二、高校美育的教育内容

审美教育内容是以大学生人格养成为根本出发点和落脚点,从人的审美心理结构的基本规律出发,着重加强审美认知教育、审美理想教育和审美实践教育等方面的内容设计和实施。

(一)审美认知教育

理解审美认知教育的基本含义首先要弄清以下几个基本的概念。认知是心理学家描述人的认识能力的概念,既包含了一种动态性的加工过程(认识),也包含了一种静态性的内容结构(知识)。对于认知的理解学者之间还存在一些差异。认知(知识)的发展,说到底是结构的发展,是结构的不断扩展和螺旋上升的建构,从静态的角度看,认知即"知识"或"信念"。认知包括从低级的感知过程到复杂的言语及问题解决过程,它是个体知识经验积累的前提;个体在认知活动过程中获得的各种认知结构或图式,既成为其知识经验的一部分,同时也是人格及其他个体差异发展的基础。

审美认知教育实际上是对于审美活动中的认知过程和接受过程的教育实施,是对美的信息进行输入、编码、转化、储存、提取运用等的审美信息加工活动。从审美心理学的角度来看,审美认知教育是促使受教育者形成一个审美心理认知结构。这一结构是审美个体在审美活动中形成的,并对未来的审美活动起着支配作用。在审美教育活动中,主要包括对于审美理论知识的把握和了解,对于审美信息的加工和处理,以及审美活动心理机制的控制与把握。审美认知教育是个体进行审美活动中的重要环节,是获得和运用加工审美信息的内部心理活动,对于形成正确的审美感受和审美意识具有重要作用。因此在具体的教育过程中,笔者认为在原有的审美教育活动的前提下,应注重以下几个方面内容的设计实施:

第一,要注重系列性、层次性的审美基础知识教育。当前,在高校开展审美教育的过程中,学校开设的审美教育课程及活动主要集中于艺术教育环节,并且大多数的教育内容集中于专业类的审美技能的提升和发展,在很大程度上,并没有摆脱以智育为衡量标准的基本思路。一般情况下,高校以审美为主要内容的课程分为以艺术专业为基准的必修课程以及以非艺术专业为基准的选修课程。而实际上,审美教育内容应与艺术教育、美学教育有所区别。审美教育不仅仅侧重美学基本理论的灌输与讲解,而且要将美学的原理与日常的审美鉴赏有机结合起来,构成多种类型、多种层次的系列内容,进而普及审美教育的基本理论、促进审美素养的提升。首先,通过知识的讲授,使学生先理解何为美,何为审美以及为什么要审美,怎样审美等一系列基本问题,为日常的审美鉴赏提供指导;其次,进行审美的生活性感知。通过进行具体的艺术欣赏、各种艺术门类的接触了解,以及在日常生活中的审美批判,综合性了解绘画、雕塑、影视、戏剧、建筑、音乐、舞蹈、戏剧等不同艺术的审美特质；最后，将审美教育渗透到各门类科学的教育活动之中，并充分提升自然美、社会美、科学美等审美对象的教育内容，最后将教育内容统一到人格的审美之中。

第二，注重对于悲剧与喜剧、丑陋与荒诞等审美形式的辨明。传统的悲剧、喜剧中"崇高"和"优美"的审美倾向，在大众文化的冲击下已经不再是大学生仅有的美学视野。因此，在日常的审美认知教育中，对于悲剧与喜剧、荒诞与丑等审美形式的辨明，也应当是教育内容的一个重要环节。这些样式的审美形态以各自不同的样式，从多维的角度刺激审美对象——大学生的感觉和情感，从而对他们产生作用，影响他们的人格发展。

喜剧相对悲剧给人以不同的审美体验，它往往带给人的是轻松感、愉悦感。喜剧先制造一种紧张，又使之在不付出主体代价的前提下得到解除。先惊后喜，由知觉想象到理解顿悟，感情的运动迅速敏锐，其间没有心灵的痛苦。在喜剧氛围中，压力被缓解，情绪得到放松，心理达到缓和，精神得以放松。对于常处于紧张心境的人来说，这是一种极好的心理补偿。喜剧欣赏要求清醒理智的审美观照，机敏地发现其不协调的喜剧性，顿悟其喜剧意义，反思人类社会及人类自身的丑恶、缺陷和弱点，发现其反常、不协调等可笑之处，从而锻炼、提高欣赏者的机智敏锐的审美判断能力，实现对自我与现实的超越。喜剧教育更利于培养人们幽默的审美心理、达观的人生态度。喜剧艺术的幽默性给人以深刻的影响。具有幽默态度的人乐观豁达，包容万象，以微笑面对生活。

第三，加强对民族传统文化的审美引导。按照集体无意识理论，不同民族、不同国家有着不同的文化心理，亦即不同的人格特质。中华民族有着五千年的历史，其优秀的传统文化，博大精深、源远流长，极具社会美和人情美的代表性元素。中国优秀的传统文化是中华民族屹立于世界民族之林的基石，是中华民族劳动人民道德智慧的结晶，是中华民族的巨大财富和不竭精神动力，是无数中华儿女坚强的信念支柱。可见，没有深厚民族文化底蕴的内容是不会具有独特的个性并且得到世界文化的认可的。

人格养成的先在性与历史继承性要求审美教育应该具有优秀民族文化元素。可以说,只有具备了鲜明的民族意识的审美教育才是真正意义的审美教育,继承了优秀传统文化因素的审美教育才更具有审美价值。

(二)审美情感教育

审美情感教育从概念上讲是指审美主体对于美的各种意识形态的情感表现和内在心理表现,审美情感教育包括审美关爱教育、审美理想教育和审美修养教育等。在审美活动中,审美情感产生于主体的审美实践中,而又引导、规范着主体的审美实践活动。

在以美成人的审美教育活动中,应注重以下几方面的教育内容。

第一,审美关爱教育。一般来说,人的基本需要大致分为:物质需要和精神需要。在审美活动中,审美情感是在审美活动中,自觉获得的内在心理感受,审美关爱教育与一般的审美认知教育不同,它并不与实用功利的目的直接联系在一起,它注重的是人格本身与审美情感的内在契合。在审美关爱教育当中,最为重要的是教会当代大学生学会关爱、学会真诚,建构中国传统文化所特有的"仁"的特质。

长期以来,由于各种社会思潮的影响,以及高等教育改革中产生的一些矛盾尚未解决,当代大学生在人格发展过程中,实用性和功利性的追求得到了部分学生的价值认可。而在我们现行的教育内容当中,对于关爱、真诚的教育往往受到忽略。当前不少大学生由于是独生子女,过多地以自我为中心,过多地关注自我得失,忽视他人的情感,在人际交往方面产生了不少困惑与问题。而归结这一问题产生的原因,缺少审美情感的教育是一个重要的方面。由于家庭、学校缺乏对于学生关爱、真诚的教育影响,学生在日常行为当中缺少对于审美情感的关注,没有形成对于关爱、真诚等重要审美情感的重视。从一些高校的审美教育来看,培养大学生的审美情感并不难,关键在于高校美育的发展和建设。当前不少高校倡导和组织志愿服务活动,如定期开展敬老助残活动、社区服务活动、爱心募捐活动等,这既是一种有效的德育手段,也是培养当代大学生审美情感的重要方式。当然,除此之外,学校还可以通过美育课堂的教育、校园文化环境的熏陶、校园文化活动的引导,帮助大学生形成健康的人格。因此,在大学生的人格养成教育中,以审美情感的熏陶和培育为目的,通过开展丰富多彩的关爱教育活动,引导他们学会对他人的体恤和关爱,在家庭上关爱自己的亲人,在学校与人真诚相处,尊重老师、帮助同学、关心集体,形成高尚的道德品质、良好的行为习惯和主动的团队合作意识。长此以往,学生能够自觉形成积极的情感体验,具备关爱的意识,懂得关爱身边的人和事,这对于完善大学生自我人格品质具有重要意义。

第二,审美理想教育。审美理想是审美意识中居于最高层次的审美范畴。在艺术活动中,审美理想得到了最充分、最集中的体现。它是在审美经验的基础上产生的,并且是这种经验的高度概括。审美理想产生于社会实践中,人的全部社会活动,从一定意义上说,就是不断地认识现实、产生理想,并实现理想的过程。人的审美理想就产生于这个过程中。作为审美经验的凝结与升华,审美理想与一般的社会理想、观念又有所不同,而且是有经验性的形象特征,非逻辑概念所能涵盖或替代。但是,要充分表现审美理想,使审美理想"物质化",变成任何其他人都可以接受的东西,那就只有借助于透视审美理想的"棱镜"来反映现实的艺术才能做到。

审美理想在人的认知活动中发挥着极为重要的引导与推动作用。对美的坚信与追寻是许多重大科学发明的基本动力。审美理想并不是表现出来的逻辑形态,而是深藏于审美主体内心之中的审美经验和艺术直觉。审美理想是审美主体的先前条件,为审美活动提供标准和条件,是审美活动发生的重要前提条件,是审美活动的基础和前提。因此,审美理想也就会对认识活动产生重要的影响,因为审美认知是以审美理想为恒定的认知标准和尺度。因此树立正确积极向上的审美理想,对于当代大学生人格养成有着极其重要的作用,它使认知活动指向理想人格,以理想人格提供的标准和条件为前提来建构大学生的人格。

第三,审美修养教育。"修养"一般指个体的自我锻炼、自我培养,以及在此基础上形成的各种能力和品质。审美修养教育则是在审美教育中有意识地促进受教育者审美心理结构的自我完善和发展。也就是实现从审美他育到审美自育的转变。从这个意义上讲,审美修养教育是审美教育的一个极为重要的目标。在我国,审美修养教育有着深厚的文化基础和现实意义。我国古代很多美学思想家从不同方面阐述了以审美教育为理念,对构建个人多方面修养起着重要作用。

在审美情感教育过程中,要引导学生注重自己的形象修养、内在气质修养,帮助学生慢慢认同正确的审美修养标准,并自觉地以这一标准来要求自己,逐渐具有人格的审美影响力。作为审美修养来说,这一教育与德育的区别在于,它不是依靠强制的手段和反复的灌输来为学生树立某种标准,而是尊重学生每个人的个性特征,注重强调氛围的熏陶和影响,引导学生对于自我修养的主动性,以美的标准来促使学生从内心深处主动提升个人的修养,不断地通过气质魅力散发出美来,从而得到大家的充分尊重。

终极意义的审美情感教育,应该是帮助人们达到一种和谐的状态,是促使人不断积极追求,最后体现人找回人的本性的过程。

(三)审美实践教育

审美实践教育可以有效地促进感性发展,实现审美情感教育,从而促进完整人格的形成。感性既指向艺术,又指向现实,美育以感性为起点,实现价值生成。"在当代社会,人愈来愈生活在数字与图像的包围中,审美感官的迟钝及感知对象的非真实性,成为影响人全面发展的重大问题。作为感性教育的审美教育,其首要的任务就是培养人对外部世界的感知能力,即整个身体与对象世界的相融。这种教育目标虽然看似低级,但对人的全面发展却是奠基性的。"感性发展包含两个层次,既包括感性要求的满足与解放,又包括感性的提升与塑造。审美实践教育一般也包括审美体验和审美创造等环节。审美实践教育一般由主体的审美体验和审美创造等环节组成。审美实践是通过人的自主性实践,逐渐体会人的自由自觉对美的创造,并将美的内涵最集中、最直接地体现出来。审美实践教育是功利与超功利的统一与结合,它既内合于美的无功利性,又指向人格养成这一功利性目标。

社会美是审美实践的重要环节。一般来说,"人的生命首先是一种自然生命力,生命的存在与运动使人具有自然的需要和欲望"。

然而,在人类漫长的进化过程中,人的感性生命在社会实践中不断受到理性的规范,并逐步积淀社会文化的内容,这使人的感性生命有了新的内涵。可以说真正的人的感性能力应该是作为社会人的感性能力,即渗透着认知力、理解力、判断力等理性要素的感性能力。

美育是以审美形式解放人的感性因素,并使之得到适当释放和文化提升的过程,从而达到激发深层心理活动中的非理性因素的目的,使之保持旺盛的活力。在美育实践中要注意到感性发展的这两个层次,既要满足学生基本的感性需要,在此基础上又要使学生的感性能力得到提升。感性需要的满足是提升学生感性能力的基础,感性能力的提升又会进一步使学生获得更高层次的感性满足,这两方面是互相渗透、互相促进的。目前的美育实践偏重于知识技能教学,忽视学生的审美需要、兴趣需要和个性需要,学生的感性需要无法得到满足,因而也就很难提高学生的感性能力。既然学生的需要无法在学校美育中得到满足,学生自然会把注意力投向校外,更多地受到大众美育的影响。因为学生缺乏感性能力,难以抵抗大众美育的一些消极因素的影响,从而会逐渐沉溺于感性世界,过度强调个人主观情感的宣泄,追求单纯的感官刺激,从而失去了原本对自然、艺术和人生的理性思考与把握。[1]

美育实践以发展学生的感性能力为首任。因此,在教育过程中既要尊重和发展学生的个性,又要以直观的审美形式为依托。这是因为,感性寓于个性之中,没有个性也就没有了感性,而富于意蕴的直观形式能够给人的感性因素提供自由表现的机会,事实上也就赋予感性以充分发展的

---

[1] 李玲.高校学生管理工作创新研究[M].长春:吉林人民出版社,2020.

权利和条件。所以笔者认为在美育实践中促进感性发展要做到以下三个方面：

首先,尊重和培养个性。不脱离感性,也就是不脱离现实生活和历史中具体的个体,这一点在美育中非常重要。因为感性见于个性之中,尊重感性就意味着尊重学生的个性、发展学生的个性,这是美育作为感性教育的最基本、最关键的宗旨。一般而言,严格意义上尊重个性、建构个性并强化个性的本体意义的教育,当首推审美教育。德育,尽管也提倡个性化的教育,但是任何一个严谨的教育学者都得承认,德育,在本体性上是建立某种普遍的道德伦理规范,在德育中的"个性"只具有方法论意义。在智育中,个体对这个世界的各种好奇探究的眼光从根本上受到某种尊重和保护,但是不管他们以何种个性化的方式来把握这个世界,最终这些体验都必须靠拢、贴近、化归于某一真理性知识。审美作为感性的活动不仅在审美对象方面要求是个别的、具体而生动的存在,在审美主体方面也是极力推崇个性的眼光、个性的感受、个性的体验与个性的直觉与洞察。审美不仅期待着个性,而且造就个性、生成个性,没有个性也就没有审美,也就没有审美教育。

其次,尊重学生感性需要,完善学生感性机能。人的感性机能主要包括感觉、知觉、情感、想象等,它们在审美、艺术活动中发挥着重要作用。它既包括感官层面的机能,也包括情感体验层面的机能。这种感性机能以情感为核心,但又不止于情感。这是因为感性是一个贯通了肉体和精神的个体性概念,它包含生理和心理两个层面。感性教育固然以心理机能的完善为核心,但是生理机能的完善也不容忽视。人的一切活动都要以一定的生理机能为基础,在审美、艺术活动中也是如此。因此,在人的审美和艺术活动中,要重视学生的感性需要,关注作为感性活动基础的生理机能,对个体的人格、人性作整体性观照。

最后,运用直观的审美创造影响学生的观念意识,形成良好的审美趣味和审美观念。感性教育以把握对象内蕴为归宿,而不是以逻辑结论为主旨,这是一种生机勃勃地面对对象的领悟理解。然而,在智育统领一切

第四章 高校美育课程的教学分析

的教育传统下,人们往往习惯了以概念、推理等形式来认识世界,容易忽略通过实践、体验等直观形式来把握世界。其实从直观形式中得到的观念意识,往往比概念形式中的观念意识更丰富,而且能对人的心灵产生更加深入细致的影响。尤其是在人们几乎单一地以理性来认识世界的情况下,我们更需要发展人类的感性,更需要发挥直观的作用。正是从这个意义上而言,我们说美育是一种感性教育。

第五章 高校美育课程设计探析

第一节 高校美育课程设计依据

普遍而言,知识进步和社会需求与学生基础水平共同形成了课程设计的根本基础。在此之中,学生的基本需求被视为课程设计最关键的资源,可以细分为学生的实际学习需求和他们过去的学习心得。随着经济的快速增长,在高等教育机构中,特别是在美育课程方面,高等教育机构需要在遵循高等教育的基础规则的同时,满足学生对美学的需求。因此,为学生提供相应的美育课程是高等教育美育的核心特点之一。鉴于美育课程的迫切需求以及美育现今的挑战,高等教育中的美育课程应遵循党和国家的教育策略,即全面推进在德、智、体、美、劳方面的教育,为大学生制定相关的课程设计。

一、高校美育课程设计的理论基础

(一)泰勒课程基本原理

20世纪初期以来,伴随着现代工业技术的飞速发展,教育研究以精确、定量、实效、科学作为追求科学的重要标准。在20世纪30年代之后,由于"八年研究"的兴起,课程的重塑工作开始展开。拉尔夫·泰勒,一个当时在国内外都有盛名的课程理论权威,以其实验数据作为基础,提出了一个课程设计的核心流程,并在《课程与教学的基本原理》一书中详尽地解读了这一理论观点。从行为的理论视角出发,他识别出了在设计课程时重视的几个方面,包括如何规划目标、确定课程内容、实施相关的组织以及对课程进行评估。

1. 学校试图达到什么样的教育目标

泰勒对于教育目标与学校教育的关联并未直接提供答案,他而是为学校教育目标设定所依赖的五大核心来源提供了阐释,这五个来源分别是心理学、哲学、学科专家、学生的校外生活体验以及学生的个人经验。他强调了学科的发展、社会和学生的全面成长都是确定这些目标时的关键考量因素。泰勒进一步强调,教育的目的因其多元性,需要通过"心理学"或"社会与教育学"的筛选流程,这不仅满足了学校的办学标准,也关心了学生身心健康的成长。

2. 提供何种教育经验才能达到这些目标

教育经验对于不同的学科与学校都有所不同,其是为教育目标服务的教育内容。学校要为学生与教师提供相应的学习与教学经验。关于学习经验的选择,泰勒提出五个基本原则:学生可以有多种学习结果、学生有多种学习途径、学生有实践的能力、学生学习需求可以得到满足、学生有实践的机会。这种经验还可以培养学生的学习兴趣、思维技能,有助于学生获得信息、形成社会态度。

3. 如何有效组织这些经验

泰勒提出,较为单一的学习经验不会对学习者产生较大影响,需要把它们组织起来,使其相互强化。[①] 为确保有效地把学习经验组织起来,要坚持三个原则,即整合性、顺序性和连续性。整合性是指课程的横向联系,顺序性是指把新的学习经验建立在已存在的经验基础上,连续性是指主要课程要素的直线式重复。

4. 如何确保这些目标真正地被实现

教育目标与学习结果之间存在的差异就是对行为目标理论的评价,是一个确定教学计划与课程实际完成教育目标程度的过程。泰勒详细阐述了评价结果和程序的使用。评价过程中对于评价情景性的考虑是非常

---

① 泰勒.课程与教学的基本原理[M].施良方,译.北京:人民教育出版社,1994.

重要的。例如,对于教育外在目标的过度强调、学生与学校成为产品与工厂、学生在教育加工下的个性的丧失等,都是泰勒模式"输入—产出"过程中不同的批评。以斯滕豪斯为代表提出的课程设计的过程模式可以解决这些问题,但仍然会陷入矫枉过正的矛盾中,即尊重学科知识的逻辑性与尊重学生主体性之间的矛盾。泰勒原理并不关注课程内容,而是侧重课程设计的方法,从这个层面讲,经过持续的改造和完善形成了目标模式的整体设计理论。该课程设计程序容易掌握,比较具体,在高校美育的开发过程中意义非凡。

(二)布鲁纳结构主义课程理论

布鲁纳在他的作品《教育过程》里,对结构主义课程理论在教学方法和教学内容方面的详尽阐述进行了深入的解释。

1.关于课程目标

布鲁纳强调,我们的课程不仅仅是把学生塑造成为一个成绩优秀的人,更重要的是让每个学生的智力得到提高与发展。在一个由社会和技艺组成的极其烦琐的环境里,基于学生固有的思维方式,通过高水平的教学方法可以让学习难度稍低的学生顺畅地参与教学,这即意味着学生的认知能力在逐渐提升。课程的目标不仅限于此,它还鼓励学生深入理解知识是如何逐步形成的,以及在学习的过程中敢于去寻求答案和发现新知。

2.关于课程内容

布鲁纳重视发展知识的基本结构,即学科的基本机构。教育者应致力于将所教授学科内部的基本理论和教学策略、学校课程整合进来。这些基础理念反映了多学科的核心原则,因此,教师有机会将这些核心观点传递给学生,帮助他们在学习结束后将他们的成果迁移到新的领域中。基于上述理念,布鲁纳提出了一个螺旋制的课程构建方法。该方法将基本观念与其内在联系以螺旋式的方式结合,构建学科的核心框架,并采用与学生思维成长一致的教育手法,实现概念的提升和转移。

3. 关于课程的实施

布鲁纳支持启发性与态度教学,就是引导学生树立积极向上的态度,着重于学生思维的启发,这个过程也是一个发现的过程。所谓的发现学习,即教育者并不直接向学生传授知识和概念,而是通过激励他们积极吸收教师提供的信息,鼓励他们在实际操作中理解和认知事物,主动深入思考,从而帮助学生建立相关学科的基础理论、结构和概念。在搭建学科的基础架构过程中,保留一些具有吸引力的元素是非常关键的,这使得学生可以自主地进行认识和探索。通过课程内容的螺旋状排列,促进学生重新发现相关知识。

4. 关于课程的评价

布鲁纳还强调,在组织与设计考试的过程中应该以学生对于具体事实的理解作为基础,不管是什么形式的测试,都应该更加侧重对于学科一般原理的理解。布鲁纳结构主义的课程在很多方面都产生了深远的影响,特指在高级学术教育的课程规划上。教授深奥的知识点与学科结构及基本原理在设计的相关领域具有明显的共性。大学的美育课程并不意味着它覆盖所有关于美的领域,而是可以将美的基本规律和抽象的审美概念应用于实际审美活动中,从而帮助形成美育课程的有序结构和明确规范,同时也能增强学生在审美认知上的思维技巧。

二、高校美育课程的逻辑起点与指向

(一)以高深审美知识为逻辑起点

高等教育的逻辑起跑线是高深知识。布鲁贝克指出,高等教育更多地侧重于探索复杂高级的学问,并对一些相对深奥的领域给予特别关注;伯顿·克拉克持有一种观点,即高等教育的核心任务是围绕知识展开。由于某些高级学科的内在特性和自主学习趋势,高等教育被视为一个无可替代的领域。高等教育的独特性质和内在要求都基于对深入学识的持续探讨。换种方式表达,高等教育和基础教育之间的基本差别体现在它们利用深厚的学识作为基石来培育高端的专才。基于此,它也培养了中等教育背景的毕业生,进而提升了他们在行为观念、个人思维、知觉及情感方面的成长。

在一定的美育基础上,美育可以有效促进大学生发展,使大学生通过参加有关的美育实践活动获得新的审美经验。学生提高审美能力必须以一定的理性基础为前提,这里谈到的理性基础就是美育中蕴含的高深知识。高校美育在实施过程中表现出三种异态。一是过度实化,其名称为"艺术教育",即利用如绘画、书法等艺术教育取代美育。艺术教育已成为美育的重要载体,并普遍存在于各大学校中。艺术教育可以对人的心灵产生重要的影响,通过学习艺术陶冶我们的情操,提高我们的审美修养与人文素质,在这个过程中艺术教育成为美育的一部分,是其充分必要条件。但是,如果艺术教育把传授相关艺术技巧作为其第一目标,逐渐转变为对艺术技能的教育,那么艺术教育的本质就完全改变了,就不再拥有美育的意义。二是过度虚化,其名称为"通识教育",即在美育的课程中大多是品鉴、欣赏等较为模糊的词语。高校审美教育的虚幻形式使其被归入通识教育的课程体系。例如,鉴赏、欣赏等词是对艺术作品的认识和分析,甚至为了追求课堂授课的效果,把理性评价理解为低俗文化,脱离知识教学。三是过度专化,即用美学的原理取代美育,其最为直接的表现就是大学的美育教程,其原理是在社会科学与自然科学中拥有普遍意义的基本规律。以此概念为依据,美学原理应该归属于美育的高深知识,但其更加侧重于美学,是关于美的高深知识,对美的本质进行了高度概括,后又转向哲学。这显然不符合美育的初衷。

从高等教育的逻辑起点方面看,美育中的高深知识是与审美和美有关的规律和要素结构。通过大脑的合理运作,我们能够深入了解事物的结构和运作原则,因此,理性的思维方式在历史的执行上、在逻辑中的辩证思维、主动的综合创新和高度的抽象概括上都展现出了其独特的魅力。理性思维是人类思维活动中的最高层次,因此大学生应当成为这种思维的领袖和实践专家。高等教育阶段的美育不仅仅限于简单和单一的艺欣赏,而是应当通过学习美的理论知识来提高大学生的思考品质。高等教育机构通过实践和组织式学习,引导大学生深入地理解艺术、社会和自然之美的本质,使他们真正领悟"了解其原因"背后的深远含义;在高等教育中,应当将艺术学与美学相关的理论知识整合为美育的深度知识,以形成教育的核心课程内容。学科专业在高等教育的规划和学习环境中占有关键地位。不同的学科知识有着不同的逻辑特征,根据这些属性对其进行相应的调整和组合,从而产生了独特的逻辑美感和外在的形式美感。在高等教育中,不同的学科专业之间的相互连接和整合显得尤为重要。大学生在选择他们的专业时,应对其中的美感怀有深厚的感情,并主动探索该专业所代表的审美价值,超越其他专业和领域来寻求美,并在科学的基础上合理采用美的规则。

(二)以补偿和发展为价值取向

在学生全过程、全方面的教育中,美育是最薄弱的部分,体现在学生所受教育的全部过程中,特别是在基础教育阶段,学生缺失学校美育,这对学生大学时代的美育产生非常恶劣的影响。关于美育的各种形态,部分学者已对其进行了分类,并将其划分为三个大类:启蒙型、普及型及文化型。启蒙型美育是一种层次相对较低的教育方法,它主要适合缺少基础文化启蒙的成人、年轻人以及婴幼儿;大众化是中等水平的美育,不仅针对广大的普通民众,还针对具备特定文化背景的年轻知识分子;文化型代表了较高水准的美育教学,该种教育活动应建立在高水平艺术修养之上,并对从事艺术和文化活动的专家、官员、学者以及大学生具有实用价值。因为某些不可忽视的因素,绝大多数大学生在体艺活动方面的参与经验相当有限。大学美育建立在参与体艺活动的实践上,它由大学知识深度以及教育的实践性质共同决定。高等教育机构设定的两个层次的目标聚焦于增强大学生在艺术领域内的专业审美才能,尤其是1~2种艺术手法和鉴赏技能。从满足大学生审美和美育的实际需求出发,进一步拓展与跨学科审美有关的课题。以艺术鉴赏课程为核心,我们旨在开展专业知识与审美理论的深度合作教学,将经典艺术品与审美规则相融合,以此提高大学生的人文修养、生活体验和专业认知。

高校美育以大学生已经积累的审美经验为根本,引导学生参加审美创造的相关活动,更加全面地讲解审美规律与美学原理。对于大学生普遍缺乏审美经验的问题,高等教育美术教育应首先进行课程指导,设计能够提升大学生审美创造性和审美经验的内容。这样做不仅能强调审美的实际应用和基础规则,同时也有助于培养大学生的感性审美能力,进一步促进他们审美理性的全面发展。

(三)力求实践的美育活动

培育人才实践活动是教育质量的规定性的表现和根本特征。教育家杜威认为,在人们探索教育目的的过程中,要在教育过程中去找寻,而不可以脱离教育过程。[①] 杜威提出的实践教育学的观点,将教育的方式与目标紧密结合,他称这种结合为教育的基本追求。在美育的实践中,应该鼓励学生去探索、创新并评价美,使其能够修炼自己的品格,并创造更加美好的人生。在教育目标的指导下,美育不仅仅可以通过艺术表演和创作活动来实现,而且它的目标和手段也高度统一,呈现出非常和谐的关系。

仅仅通过单一的课程为学生传授审美技巧和技能不符合美育目的的要求,其目的在于使教育的实践变为审美的实践,在教育过程中发展学生的审美。因此,这个过程需要达到三个要求:一是学生需要找到使其身心愉悦的美好事物,使教师和学生可以在共同的审美环境中一起去感受美;二是学生需要对于教育自身的美好进行感受,要发自内心地热爱教育活动;三是学生需要悦纳自己,积极完善自己,使自己成为美的代表,在德、智、体的教育中领悟到真正的美育。高校美育的目的就是改变美育本身,把教育活动改为审美活动,把教学环境改为审美的环境,这就是其实践性特征。

---

① 杜威.民主主义与教育[M].陈志琼,译.北京:中国轻工业出版社,2015.

第二节 高校美育课程设计思路

一、课程目标设计

依据所提供的课程计划进行授课从而达到人们所希望的具体目标就是课程目标,其表现出清晰和精确的系统化特征。在设计课程目标的过程中要对课程目标的相关概念进行深入分析,在此基础上结合相关原则,建设完整严谨的目标系统。课程目标承担着连接学校培育目标和教育目的的重要责任,在对课程内容的选择、实施与检验过程中,表现出非凡的统摄和指导意义。[①]

(一)目标来源:大学生审美需要、社会立美发展和专家意见

课程目标可以清楚地表现学习者通过教育所发生的改变,并成为其能否成功的准则。仅仅基于单一的信息分析是无法确立课程目标的,学校需要作出全方位和明智的决策和规划,因此,简单的信息是难以为其提供支撑的。高等学府的美育课程主要针对那些缺乏美育经历并经济状况不理想的大学生,同时也针对那些拥有丰富美育经验以及良好经济条件的大学生进行指导。根据目标模式思想,为了制定课程目标,我们需要考虑三方面的因素。

第一,大学生的审美需要。教学课程的核心目标在于引领学生沿着科学与健康的道路发展,同时高等教育中的美育教学也致力于满足学生在审美方面的需求。需求可以视为一种无法满足的状态,泰勒对"需求"这一表述有两种不同的解读:一种是指生物体内部维持的张力稳定;一类是梦想与实际情况之间存在的不匹配现象。尽管学生展现出较明显的审美观念,但其审美行动与其意识在很多方面有所不同。面对这种实际状况,我们有两种推测的方式。学生之所以在美育方面表现不佳,一个根本

---

① 赵伶俐,温忠义.互联网+大美育课程论[M].北京:北京师范大学出版社,2016.

原因就是他们缺乏真正的审美体验和对于美的认识。这种缺乏对于美的深度体验和认知是非常有限的,他们无法通过愉快的情感体验去激起审美欲望,也不能保证自己的审美平衡,这种情况无疑对他们未来的身心健康造成了深远的影响。另一方面,学生具有对审美技能和审美观念之间存在差距的深刻理解,这将有助于他们更精准地表达自己的审美需求。美育课程需求的调研活动揭示,大学生们对美育教育课程和艺术手法有着极高的喜好度,这无疑为他们在审美和美育方面的需求提供了有力的证据。基于上述两种前提,美育的教育过程应该更为深入地关心大学生潜在的需求,从而更有效地激发学生对审美学习的热爱与兴趣。如果学校为大学生提供的活动可以激发学生兴趣,那么就可以有效地调动学生的参与积极性,提高大学生在这些情境里从容应对的能力。[①] 以需要层次理论为依据,可知生理需要也是审美基本需要的一种。审美是一种可以使人身心愉悦的独特体验,也是个体在体验快乐和愉悦时自我实现的需要。从这一角度讲,大学生具有强烈的审美需要。

第二,社会立美发展。随着现代社会的急剧增长,人们对美的追求也日益增强,导致文化、政治、经济等各方面都呈现出人们追求美的心态和目标。现代大学已不再依赖学术界,而是向社会扩展,这加深了与社会的联系,使得大学的课程受到了社会发展的冲击。随着经济增长速度的加快,社会对于发展质量的期望同样随之上升。发展的核心品质正逐步转化为"美"的定义,这使得人们对于品质的美好、生态环境的美观和社会生活的美感达成了一致看法。我国的党和政府在众多文件和多种不同场合中明确提出了美育进步的关键性要求,其中高校美育便是其中之一。人类是社会化的生命体,我们时刻都身处于这个充满复杂性的社会生活之中。然而,单纯地辨识当代的社会行为不能为这些行为提供合理的依据,也不意味着所有的社交生活活动都可以被用作制定课程目的的依据。现如今,社会审美活动能提供多种类型的愉悦感受。

[①] 曹俊军.课程与教学论[M].西安:西安交通大学出版社,2018.

第三，学科专家的意见。这是课程目标中最为常见的来源。课程研究、教科书撰写以及整个课程的具体实行都是由领域内的专家来负责的，这些专家在学术观点和立场方面都有着坚定的贯彻。对于制定课程目标，学科内的专家展现了其专业和专业化的特点。这些建议在某种水平上可以为课程目标的制定提供强有力的支持，确保更深入地了解某一课程中的专业功能以及其相关的溢出功能。比如说，在个体生活领域里，科学的教学内容不仅能为人际关系提供正确的指引，也能促使人们形成健康的生活方式；在特定的专业环境里，该方法有助于磨炼人们的严肃态度、创造性思维和思考速度。各种学术专家从他们的专业视角或者多方面的视角，对美育的目的和功能进行探究和研究，他们也深入地探讨了高等教育机构的美育课程，并提供了如何达成这些目标的建议。譬如，那些在审美拓展目标、能力提升目标、价值观导向目标及其更具体的下级概念的课程目标，其实现都是基于专家研究的深度和广度取得的。换言之，学科领域内的专家对其所在专业的教育功能有着深刻的了解和掌握，而这些专业研究为课程目标的确立提供了宝贵的资源和基础。

（二）基本原则：系统化、适应性和层次化

从专家意见、社会立美发展与大学生需要中可以收获的课程目标数量颇多，但是不可以全盘纳入课程计划，只有充分且必要的功能才可以被收录进课程目标体系中。高校美育的功能规定了智育、体育与德育等在各个方面的任务，并以课程目标的基本标准为原则对课程目标进行整理。

第一，系统化的原则。在课程目标的总体架构中，横向与纵向的联系构建出了一种有条理的组织模式。系统化对于维护课程目标设计和其他相关课程设计环节之间的平衡性具有积极影响。审美能力中的各个组成部分，比如创造性和知觉性，是美育教学所致力于追求的目标。另外，将高品质的人文修养纳入美育课程可以更好地激发大学生的美育热情，同时推动德、智、体、美、劳等学科目标的全面融合。

第二，适应性原则。为了使大学生能够更深入地学习本课程，课程目标的制定需特别考虑大学生各自的学习经验差异,确保不是过分夸大或轻视,也不能偏离大学生之前积累的实践经验,而应当致力于拓宽他们的短期发展机会。如今,高等学府中的美育课程与体育、德育以及智育的实践之间的差异相当明显。它是基于大学生缺乏某些美育要素而进行的,这导致了他们不仅在美育方面的匮乏,而且他们在艺术教育经验方面也有待加强。比如说,在基本教育阶段,学生们得到的美术和音乐课程的培养是相对较为有限的。因此,我们必须深入了解并掌握学生在美育教育方面的基础,设定与学生成长相匹配的课程目标,对大学生缺乏的审美观进行补充和完善,以此作为培养他们审美创造能力的重要基础。

按照既定结构展示课程成果的层次关系,这种概念关联实际上是层次化的。在每个层次上,教育目标都涉及基础行为成果以及实践方法。基于布鲁姆的教育目标分类理论,我们可以对教育的目标进行合适的界定,涵盖了情感、思考和实际能力这三大范畴。情感涉及反应、价值评定、接纳、警觉、价值和组织的内在转换;认知涵盖了知识的获取、深入分析、准确领会、实际应用、全方位分析以及评估等各个环节;动作技巧包括感知、外显的行为响应、工作机理、指导思维的反应、调整、创造性思考和固定思维。这一目标所遵循的分类结构被称作"教育的逻辑之路—心灵的道路"。按照层次结构来区分审美教育的特性,其中,认知被视为优先环节,其次是情绪和行动。审美的准则与美感的原则是进行特定层次操作目的研究的基础。

二、课程内容及组织结构设计

设计高校美育课程必须落实在其内容的设计上。2011年,在我国发布的全新的《学位授予和人才培养学科目录》中,艺术学成为第十三个学科门类,其从文学中独立出来,成为全新的学科。美育是从简单到复杂、低级到高级的教育过程。高等教育中的美育就是缺少基础教育的美育,是相对于基础教育而言的。如果想要完成高校美育课程的目标,那么就需要将其定位为发展与补偿的两个阶梯式的课程,以最大限度促进美育课程的发展。

(一)主要内容:美学知识、艺术知识、专业审美知识与跨界审美知识

对美育的理解和认识是审美教育过程中对学生美感培养的根基,如果没有最低限度的理解或鉴别,就不能有情感的存在。补偿这一概念是指对学生已经存在的错误教育经验或缺乏的基础教育进行弥补和调整,尤其是在艺术技巧和相关知识方面;所谓的发展,就是以目前学生接受的美教育为基础,培养他们掌握以美为中心的基本知识的相关审美经验,这主要涵盖审美的核心法则、在审美艺术创作和赏析中的实际应用以及美学的基本理论。专家的研究显示,高等教育中的美育课程已经就艺术鉴赏和美育的基本理念达成了广泛共识:即利用美育的基本原则对艺术鉴赏,在如舞蹈、电影、音乐、建筑和绘画等多种艺术形式中进行评价与分析;美育基础理论教学特指针对美学基本知识的传授。另外,美育课程也应与大学生的专业课程相区分,从其相关的专业领域中提炼出有关审美的信息,建立独特的审美学科,并不断积累跨领域、跨学科的审美教育实践。在高等教育院校中,美育课程的主要涵盖如下四大内容领域。

第一,美学相关知识。蔡元培主张,美育教师应当将培育学生的情感和品质作为其教育目标,并借助与美学相关的理论来进行学生的全面发展。这一事实凸显了美教育在美学方面的核心地位。美育不仅仅是一个学科的定义,它作为美学、教育学、心理学、伦理学和脑科学等领域的交融学科存在,只有当它真正融入美学的角度,才能确立该学科的基本性质。作为补充性的教学内容,高等教育机构的美术课程需要补充有关美学的基础概念,这主要体现在两个关键方面:其一是引导大学生进行审美实践,并协助他们确定哲学判断的准则;另外,在大学中增加审美的基础知识,运用美学的原则、法则和概念,为学生在更理智的视角下对感性认知做一个综合性的总结和指导。

第二,艺术知识。美育的主要阵地是艺术教育,《关于全面加强和改

进新时代学校美育工作的意见》强调,在高校美育的课程设置中,应将艺术鉴赏课程置于最优先的位置,并设立了涵盖艺术批评、艺术史论和艺术实践等多个领域的选修课,这样,学生可以做出自由选择。高等教育机构中的美育教育不仅应涵盖与艺术知识教授相关的科目,而且要结合学生们的审美需求和实践经验,深入探讨艺术观和审美观之间的辩证相互作用,并选取最具科学性的艺术教学内容。

第三,专业审美方面的知识。在专业审美的范畴中,专业审美是以美的视角对专业的知识进行解读,利用这种审美体验来感受专业的魅力,而这里所说的非艺术专业主要指的是非艺术领域的专业。尽管专业审美的知识对高等教育的美育实践有着不可替代的重要性,但遗憾的是,高校的德育尚未受到足够的关注,这方面的知识仍然存在明显的缺乏。有研究表明,在高等教育机构里,将近九成的比例从未开设过针对审美的专门课程。审美观念和知识探索一直是人类不断追求的目标,明确的分工虽然有助于人类全面发展,但也导致了科学领域与艺术领域的分离。因此,在艺术追求审美的持续过程中,它与规律性的联系逐渐减弱,同时科学也在持续探索规律性的过程中逐渐与审美相离。随着人们在探索知识的过程中获得日益丰富的成果,他们开始在欣赏自己的成就时产生对审美的感悟。这种审美的魅力就是来源于对专业的追求。在大学环境中,学生可以不断发掘和产出各种新的知识。当这些新知识与相关领域的学科融合时,它们组成了一个完整的知识系统。从中世纪的大学法学、医学、文学等大学科扩展到现今的专业领域,人类在这一发展历程中所达到的高度,都在不断地向真实知识迈进。随着审美与对现实的追求的工作分配时间增长,它们之间的区分也越来越明显。高等教育最核心的部分是专业学科,大学生从本科到硕士、再到博士的学习旅程中,需要不断深化其对专业的理解,为专业美学的评估搭建坚实的基础。物理学中的理论、方程、符号和概念构成了科学术语的范畴,普通人类甚至物理学的研究人员对它们的理解都是相对难以捉摸和理解的。然而,这些概念是由无数的研究者通过不断的探究而得出的,它们包含了宇宙运行的基本规律,从而推动了人类社会生活方式的转变。对于教育学、护理学、经济学等非艺术专业来说,深入探讨审美认知是一项既重要又具有挑战性的任务。仅有通过高水平的成就和宏观的学科视角,才能全面总结出该领域专业的真正美学。

第四,跨界审美方面的知识。"界"指那些能够约束个体行为和思维的事项,跨界则描述了一个跨越或超越各种障碍的过程。横跨性在横纵上展现为不同的组织、学科、学术领域和文化背景之间的交融、跨越和整合合作;而在纵向上,它则是各个环节和阶段的重塑与飞跃。在真实的世界里,跨界的呈现方式呈现为既详尽又多种多样的模式。在高等教育领域,每一个专业和领域都隐藏着独特的魅力,最关键的是这些领域的魅力是体现在哪一类的学术观点上,恰恰是跨界美学的核心要素。

更为重要的方面是实现跨界美育,引导大学生用审美的眼光去看待生活、周围的环境、自身的发展,培育学生跨界审美能力,以求达到审美教育的最高水平,即人生的审美。高校美育积极引导学生塑造健康正确的世界观、人生观、价值观。

(二)补偿与发展金字塔式课程内容体系建构

高校美育课程相关内容非常庞大、复杂,需要依据一定的形式与原则组织起来,方便下一步实体课程的形成与实施。

第一,课程内容的组织原则。在《课程与教学的基本原理》中,泰勒制定了组织课程内容的三个基本原则,即整合性、顺序性与连续性。整合性是指把个人生活与课程学习两者相互结合,侧重课程经验中的横向关系;顺序性要求更加广泛深入地探讨课程内容,在已有的经验上积累后继经验;连续性指在反复强调课程中的主要要素时采取直线式的方式。有学者重新修订了这三大原则,即整合性、连续性、系统性,三原则分别表示着课程内容之间横向、纵向与综合的关系。高等教育的一项重要目标是对学生的理性思维的培育,与高校审美教育相比,其目标更加强调感性情操的培育。但由于学生缺少基础教育阶段的美育,因此这种高校审美教育的目标的实现具有一定难度,这两者之间似乎存在着一些矛盾。实则不然,高校美育的发展必须坚持以补偿为价值导向,美育课程内容要以整合性、连续性为基本原则。整合性原则指把学生已有的学习经验与课程内容相联系,强调对课程内容进行横向组织。首先,高校美育课程把美育实践与相关知识进行组织整合,也可以把艺术学与美学的相关知识进行组织整合,使其构成一个可以进行实践的课程或者课程模块。依据艺术学与美学之间存在的差异,组织整合艺术学的基础知识、艺术的审美实践、美学的基础知识、专业审美实践;以美育实践与美育知识之间存在的差异为参考依据,组织整合艺术基础知识、专业审美实践、艺术技能、美学基础知识。其次,学生的学习内容主要是概念。美育课程的概念包括了艺术学、专业、美育这三大领域,概念的整合是非常重要的部分。组织课程内容就是把这些知识进行整理、联通,如把美学中的知识组织整合为专业审美的概念。连续性是指在审美教育的阶段目标中关于美育内容进行的多重陈述。首先,依据复杂程度排列课程基本内容。审美教育课程的知识选择应该以基础知识为开端,然后用稍难的专业审美与艺术技能技术为过渡,最后强调大学美育的终极目标,也是美育的终极目标,即促进学生审美跨界形成审美人生及审美生活。其次,美育课程知识的层次依据从理性到感性的顺序进行排列,大学美育以理论为起点,补偿性的高校美育则缺失了相关的美育经验,专业审美与技能训练提供了相应的审美经验,补偿了感性审美,最后使学生运用跨界审美对感性经验进行升华,收获理性的人生经验。最后,高校的美育课程在一般情况下并不丰富,大部分仅仅以一门艺术鉴赏或审美原理进行美育,这极易导致美育的残缺,连续性原则可以有效解决这类问题,促进美育的完整实施。

第二,课程内容的组织方式。课程内容的组织原则确定后,应该考虑使用何种方式实施相关的课程设计活动以促进学生对知识之间联系的认识与理解,加强其对于课程基本结构的把握。学者对美育课程内容的组织方式进行了诸多探索,如点线面体课程结构,点是最具概括性和最典型的审美知识要素;线是点的延伸轨迹或点连接构成的知识单轨,反映知识由低到高、由浅入深、由近及远的关系;面是相同教育阶段相同学科知识之间存在的关系;体是各个学科存在相同属性的多点、多线条、多面之间按一定顺序形成且具有复杂特点的集合。高校美育课程内容的组织可以借鉴这种组织方式的内在逻辑。在这种基础上,高校美育还可以采取两种方式。第一种为话题式课程。话题式课程以一个主体的架构知识为重点展开,形成不同内容的整合体。即使在嵌入式的课程基础上,每个嵌入的模块仍然存在丰富的学科知识,高校审美教育的课程完成全面的教学任务存在一定难度,所以课程设计的过程需要参考一些典型的案例,组织课程内容可以选择话题形式,这种形式可以最大限度保持知识之间的联系,使审美活动或者美育知识构成一个富有意义的整体,对学生不同的需要最大限度地满足。第二种为嵌入式课程。嵌入式是一个专业术语,它可以嵌入模块且不损伤其功能,即以计算机为前提,以应用为核心,具备可裁剪的硬件、软件的专业计算机系统,其可以在整个系统中运行,也可以独立操作完成任务。高校审美课程覆盖了多个学科,其内容庞大且复杂。比如,学习艺术知识、训练艺术技能,其学习载体只涉及一类艺术,面对这种情况,嵌入式结构可以发挥作用,把学习过程嵌入跨界审美知识和艺术与美的基础知识之中。

从以上的观点看,艺术和美的基本学问构成了美育课程的基础要素,通过艺术训练作为补充的美育,并以专业审美作为进一步发展的美育,达到跨领域的审美教育,助力学生构建审美的生活观念。通常来说,感性往往预示着审美的诞生,因此高等教育机构的美育教育以基于感性的基础美育经验为支柱。鉴于学生缺乏相应的实践体验,以及高等教育的固有要求,高校美育应基于感性和理性的认知,采用审美相关的知识来引导审美实践,并负起赔偿学生美育负担的重任。

三、课程评价设计

课程评价是课程设计过程中的重要部分,它可以检验课程设计的合理性与实施效果,是针对学生发展程度、课程教学质量等多种因素的评价,应主动反思课程目标、评价方式和内容,加大对学生发展评价的关注。2015年,教育部颁发《中小学生艺术素质测评办法》,指出学生艺术素质测评指标体系有基础指标、学业指标、发展指标组成。建设艺术素质测评线上系统,给予审美教育评测相关的技术和政策支持。但美育评价就像一条鸿沟自始至终都横亘在现实与美育理想之间,其中以课程评价的相关问题最为突出,需要改进高校美育的课程评价体系。以培养方案为根本依据,改变审美教育课程的评测观念,颁布符合高等教育过程的评测算法和标准的政策,建设具有特色的审美教育课程评测体系。

(一)评价参照:预定课程目标、学生发展程度和自我认可

课程评价参照是课程评价体系中一个非常重要的组成部分,对课程教授效果的评价具有三个方面的参照,即学生自我评价、预定的课程目标、学生的发展程度。这也促进形成了课程评价的主体取向、目标取向、过程取向。

其一,目标模式把课程目标视为把课程计划或者教育结果与预定课程目标相互对比的过程。课程效益直接通过课程预设目标与学生发展程度的对比来表现出来。大学自身的定位与国家教育目的表明专业培养方案是人才培养所应遵循的。专业培养方案指高等教育依据不同专业不同层次的培养对象与目标制定的具体方案与计划,是专业的培养计划,其对高等教育不同专业的培养目标、学制学位、专业信息、毕业要求、课程教学等重要内容做出具体的要求,它解答了该专业培养何种技能人才、如何培养与培养效果的评价等相关问题。专业培养方案中对美育课程预设总目标进行规定,相关的美育课程以此为基础继续具体化、分曾化。

其二,在现代的课程评估中,我们不能仅仅依赖于达成的目标与已设定的目标的差异来进行评估,而应该培养一个基于过程的评估方式,即以发展为中心的评价哲学。学生对于美的体验、感知和创造的能力决定了他们审美素养的进步。判断审美素质的高低并不仅仅依赖于学生回答知识难题的数量,而是需要经历一个非常复杂的测量过程,因此应该消除

"60分及格"的教学观点。审美生活观念与审美品质的成长存在某种隐秘联系。在美育的课程评估中,我们应禁止关于分数合格的相关条款,而是鼓励学生进行相互评估、试卷的问答、自我评价以及参与各类活动等多种方法,以此来详细记录学生在不同阶段的发展历程,并形成一个全面的学生发展状况对比。这对于评价方法的实用性设定了特定要求。例如,艺术评价可以对特定元素进行诸如旋律乐趣、色彩愉悦等实验的评估,并且也可以直接使用各种不同的评价工具来评价学生的艺术潜力,例如克瑙伯的艺术测试和西肖尔的音乐才艺测试。有些学者选择了美感程度这一公式进行衡量,利用学生在美感方面的觉醒程度来揭示他们的审美观发展水平。这个评价方法相当直接易懂,对于大学的美育课程效果评估提供了有用的参考。

其三,评价对象、评价者等评价主体对评价行为的认可在评价整体进程中占有重要位置。"审美认知的逻辑更是一种极端的、现代多值逻辑的代表",审美活动本身具备显著的个体化特质,美术教育的评估在评定学生审美能力时并没有明确的衡量标准,我们应当更多地关注学生审美目标的现状,如是否分散或集中。因此,在美育课程评价中,评价过程需要学生与教师紧密合作,确保他们都能完全被纳入评估体系。这种方式特别重视学生和教师之间的交流与合作,提高学生对评价结果的接受度,并以这些评价结果为基础,不断地提高自己的审美水平。

评价不是美育课程评价的最终目的,而是为美育教学的发展提供新动力。提倡发展型和补偿型美育课程,目的在于弥补学生的审美经验短缺,并基于这一教育方向进一步培养学生的审美鉴赏能力。该审美教育课程评价不仅关注学生审美修养的逐渐成熟,而且也着重于确认学生的审美素质能否满足学校、专业和国家教育计划的目标,并加强学生对评价体系的接受度。

(二)补偿与发展融合式课程评价体系建构

两个或两个以上的互通互联的事物进行有机结合的过程就是融合,

发展性和补偿性美育课程都归属于美育课程，两者是富有变化的课程样态，而不是分裂的两个层面。融合式评价把两种课程放置在一个评价体系中，既可以提高发展性与补偿性课程的统一性，也可以将两者进行对比，预防两门课程相互脱节，有利于对美育课程的实行效果进行评价与反馈。

1. 课程评价维度

美育课程评价的维度包括师生的表现状态、学生的发展程度与课程安排的合理程度。其中，评判课程是否合理需要设置课程评价维度，主要划分为三个二级维度，即符合实际可操作性、符合学生的实际需求、符合培养方案的要求。师生进行教学活动时所表现的状态就是师生表现状态维度，主要划分为教师的基本素养与学生的学习态度两个维度。课程设计最为重要的目标就是学生的发展，增强学生人文素养与审美素养是美育的重要任务，引导学生全面发展。学生的发展程度评价主要评价美育课程对学生素质发展发挥的积极作用。依据高校美育的课程目标，把大学生基本的审美素质划分为四个二级维度，即审美创造力、审美表现能力、审美感知力与审美认知能力。高校美育课程提倡实践和理论、感性和理性并行的设计理念，课程评价也依据这个设计理念进行。

2. 课程目标达成度

课程目标完成度是一项非常重要的指标，它以学生发展程度为标准，对相关课程的实行效果进行衡量，其侧重于培养目标与学生取得成绩的一致性为了进行相应数学计算，需要依据课程评价的基本衡量指数和美育课程的具体目标。接着，应由专业人才或教师将优异效果与具体的评价水平进行划分，以注重学生的全面发展评价，避免让学生沉迷于知识记忆或技能展示的评价。当达到目标的可能性大大下滑时，可以及时向负责课程实践的人员、设计者或是管理人员进行反馈，从而推动他们积极地对当前的课程结构进行必要的整改和调整。这项任务对于课程内容的精心规划、课程设计流程的有效调整，以及评估接受该课程教学的学生的成长和发展水平，都起着至关重要的作用。

第三节　高校美育课程的载体设计

"载体"一词最早出现于化学领域。随着科学综合化趋势的发展,"载体"的含义得到引申,扩大到社会科学领域,为众多学科所使用。"载体"现通常被理解为承载知识和信息的物质形体。本书认为,以美成人的美育的载体就是能够承载和传递以美成人的美育的内容和信息的形式。本节试图从基本载体、一般载体、特殊载体和复合式载体四个维度,对以美成人的美育载体体系进行深入的剖析和论证。

一、美育课程建设的基本载体:美育课程的课堂教学

基本载体就是以美成人的美育的最根本和最基础的载体。学校的主要教育活动是教学活动,课堂教学是主要的教学活动,因此,课堂教学是学校向学生进行教育的主要形式,也是美育的根本途径和主要渠道。

以美成人的美育,应在课程设计和课堂教学方面从教育目标、教育内容和教育形式三个方面进行科学、合理地设置和构建。

(一)注重教育目标的全面性和层次性

美育的目标从理论上可以将其分为两个层次,这两个层次彼此相互联系、相互渗透。

表层方面主要负责传递审美知识,提高审美能力以及审美创造能力,培养与审美有关的能力,如对美的感知力、想象力等;深层上是陶冶人的精神,重建人们的心理结构,塑造和完善人格,培养人们综合素质全面发展。实现美育的目标不是一蹴而就的,而是循序渐进,从部分逐渐到整体的过程,美育的最终目标是使学生具备健全的人格,这也是美育课程的根本任务。美育所要培养的人才并不要求单单是能够熟练掌握某一项艺术技能,现代美育不能只停留在表面,注重提高表层的审美知识和审美能力,而是要让学生通过学习相关内容了解相关背景知识,拓展思维,这不

仅使学生收获到基础的文化知识、价值观和审美方法等,还极大地拓展了学生的思维空间,让学生拥有更加深厚的文化内涵,打破仅限于专业知识和方法论的局限。

所以,美育课程是与追求真善美相结合,在此基础上对学生进行的人格教育,其所关注的是学生整体素质的发展和个性的自由发展。美育的教育过程中,我们必须确保教学目标深入且层层递进。在教学目标的设计与设定上,应综合权衡表面目标与内在目标、普遍目标与特殊目标,以及远见卓识目标与短期目标这三个维度。在教学目标的完整性上,我们不仅要教导学生相关的理论知识,更为重要的是对他们的行为、情感、认知及体验等各个方面进行深入的教导与指导。建立一个科学且合理的教学目标,对于系统地实施教育活动发挥着关键的作用。美育课程既要向学生传达审美的相关知识,同时也要强调教导他们体验艺术中的审美境地,深度感受艺术创作所带来的情感,引导他们深受艺术的影响,培养他们的人文修养和精神,协助学生塑造和完善其个性特点,从而全方位地提升学生的综合素质。

(二)注重教育内容的系统性和科学性相统一

美的元素在某些方面确实有其共同的特征,但由于不同元素拥有不同的个性特点,这种差异自然会显现出来。在为学生进行美育学习时,应着重于普及美的统一原则,并结合每个学生对美的特殊期望和需求进行个性化的教学,以协助他们提升审美水平,使其在个性成长上更为理智,追求美的普适性与个性的和谐统一。

美育教学内容设置方面,要遵循系统性和科学性原则,以培养学生的人格为重要目标,不断完善课程体系和教学规划,使之更加系统化,同时要明确美学教育中人格培养的方向。首先,当选定教学内容的时候,我们需要清楚教学的目的是希望学生能通过学习这些内容,获得更丰富的学术背景,扩大他们的思考范围,并对基本的文化、价值观、认识论等有深入地了解,以便他们能够冷静而自主地进行思考,提升审美鉴赏技巧、加深文化知识,并逐步塑造一个更完整的人格。而不是仅仅为了给学生进行专业化的教育,教育的目的更在于让学生理解和掌握某一学科领域的知识架构。其次,在挑选教学资料的过程中,文学艺术相关的课程应被集中考虑并给予重点配置。更明确地讲,文学艺术教育涵盖了众多学科领域,例如文学、音乐、美术等,其核心理论内容主要围绕文学与美学的基本原理、艺术学说、文学艺术历史以及其他相关的文学艺术领域。当学生深入研究了基础的理论概念后,他们对文学和艺术审美观的基本原则和边界有了进一步的认识,这也有助于他们理解美是以何种形态存在的,以及美在人类发展历程中是如何进行审美行为的。当学生通过审美活动接触时,他们会进入一个与众不同的审美世界。这个独特的审美世界是学生的归属,他们可以从中寻找心灵的喜悦,若缺少实际的审美体验,他们可能不会深入理解并欣赏美感。在教室内部,学生们得到了审美活动的启发,他们能够在实际的学习过程中逐渐拓展思维,这不仅让学生与教师的交流更流畅,还能确保由于知识差距,双方不会遭遇沟通的障碍。过去单调或封闭的教学模式如今都可以通过参与各种课程活动得到优化,这些教学活动触及了许多领域,并吸引学生的注意。通过提供多样化的情感体验,我们不仅能增强学生的观察技巧、想象能力和创造精神,还有助于提升他们的实际操作能力,为审美教育的进一步发展提供了方向性指导。教师在授课时,应强调培养学生的审美观念,使得学生在审美层面更加理性、科学。依据每个学生的独特性格,教师应培育出有特点的审美魅力,进而增强学生的自信心,帮助他们在这种美感与个性之间找到一个均衡,培养他们全面的审美品质。

(三)注重教育形式的互动性和多样性

每个人都是自主的,有能力选择不同的教育形式。在人的性格成长过程中,自我认知起着至关重要的角色。它不仅阻碍了个性的进步,还在某种程度上促进了其增长,潜移默化地影响人的各部分的性格构建,以及它们之间的联系,并对人的行为施加约束。要想使外在的教育产生效果,必须激活受教育者内心的动力。当学习者的自我意识被激发时,他们的学习积极性也将随之被激发,从而在课堂实践中得到自我塑造和发展。这不仅能够充分发挥审美教育的作用,还能够帮助他们完善其个人品格。传统的美育教育主要是向学生传递理论知识,但这样模糊且难以理解的理论阐述,对美学教程不太合适。美育不仅需要美学理论的引导,还需要教育学和艺术学理论的指导,应当将理论知识和实践相结合,教学中应该采取更加感性和形象的方法,这样才能真正影响学生的情感世界。美学教程的目的并非仅仅是单纯的审美体验,它旨在告诉学生对美的认识和规律,并将美学的相关知识传达给他们。这个课程在理论上和系统性上都展现了强烈的特点。与常规的专业课程不同,美学教育也拥有其独特之处,它通过艺术形式给学生带来启示,在教学中不仅传递了知识,更是培育了学生的情感与情操。所以,从形式上来看,高校美育课程要注重课程的多样性以及与学生的沟通交流,吸引学生注意力,调动学生学习的积极性。具体做法如下。

第一,课堂教学要多与学生进行互动。教育的核心目的是使教师与学生之间进行思想与情感的交流与沟通。美育课程的教师应当努力营造一个积极的教学环境,确保每个学生都可以在其中自由地分享其看法,从而活跃课堂氛围。这样做是为了能够点燃学生的学习热情,引导他们积极投身于学习中。为了促进学生更好地掌握和理解教学材料,教师需要激发他们的思维,提供丰富多彩的想象,加强教师的审美创新能力。在课堂上,教师不仅要引导学生去了解和感受艺术作品的吸引力和价值,还需鼓励学生主动探索和欣赏。除此之外,教师还应该在教学过程中给予学生充分的鼓励和支持,为他们营造一个和谐的学习氛围。教师还需要通过鼓励学生经常提问和小组讨论来活跃课堂,进而为师生创造更多的交流机会。

第二,在授课方式上要更加多样。在进行文学和艺术的教学时,将音频、视频和图片等内容用多媒体手段在课堂中展现,使得与之相关的艺术创作更为生动和具体。这不仅帮助学生感受到艺术作品的吸引力,更深入地了解其内在的丰富涵义。这样可以激发学生的学习热情,刺激他们的联想和想象力,同时,结合审美的感性特质,突破常规审美教育过于偏重理论而忽略实践的局限,将审美理论教育与学生的审美实践体验和素质培养紧密结合,激发他们的学习热情,提高他们的审美技能,并协助他们塑造一个更加完整的人格特质。

二、美育课程建设的一般载体:美的校园文化

一般载体指的是最常见的载体。校园文化是学校教学过程中极为关键的环节,它是对学生进行审美教育的环境和氛围的关键因素,也成了最广泛用于教育的工具。学校内部的精神财富和文化氛围实际上是由全体教职员工和学生共同塑造出来的,这些物质财富和氛围不仅仅是抽象内容,实际上也是校园文化的一个不可或缺的组成部分。

校园文化是一种独特的意识形态和群体意识,其存在和发展都是客观的。特指在人文自然环境长时间的培养与塑造下,把沉淀下来的传统知识和人类的文化精髓转变为特定的价值观念和行为标准,这会在学校的文化背景中产生深远的效果,为师生在价值观、生命观、感情观和人格观等方面提供指引和影响。另外,校园文化是由多个层次、不同方面组成的综合性结构。在构成要素的方面,该教育体系既包括理性成分也涵盖感性元素,实用性和艺术性得到了全面融合,同时动态思维和静态实践也得到了平衡。在这些构成要素里,它的多样性非常显著。通过多种教学方法和途径,这种美学教育能够深刻影响学生在审美方面的观念。从整体角度去看,这不仅能加强学生对美的认识和理解,也能提升他们的审美技能,进一步激发他们的审美创造力,从而在感知和情感等多个心理功能上实现全面发展,最终使学生形成一个更为完善的人格体系。

(一)校园物质文化载体

校园物质文化是校园文化建设不可或缺的一部分,优美的校园环境也可以在无形中对学生的精神产生影响。整洁、干净并且美观的校园环

境对于学生的性格发展是极其关键的。它不仅引导学生不断地完善他们的个性,保持积极向前的生活态度,也鼓励学生和教师在日常生活中不断探索新知识,从而提高双方的审美鉴赏力。这样的环境对于塑造和培养师生关系具有积极的意义。

校园内的建筑、教学设施、活动场所、植被绿化、图书馆等都属于校园物质文化。学校内的建筑群和景观设计是相当实用的组成部分。建筑作为艺术的一部分,其显著优势在于既能满足公众的使用要求,同时又能展现空间的形态,从而展现出一个社群或国家在文化、思考与审美上的独特之处。我们还需进一步发展教学工具和科研的硬件设施。在这个不断进步且技术日益创新的时代,传统的教育方法和教学手段已经不再适应。相反,它们可能会阻碍科研的进步,特别是在人才的培训过程中,建设合适的教学和研究环境显得尤为关键。此外,建立数字化的教学环境绝对不能被忽视,学校的校园网络、电子图书馆、先进的多媒体教室等先进硬件设施为教师和学生提升信息技术水平提供了有力的支持。

在校园文化宣传中,语言媒介也被普遍运用,学校广播站、网络、报纸、杂志、黑板报、明信片、贺卡等作为校园文化宣传的媒介,也极大地促进了师生和生生之间的沟通交流,为校园精神文化的传播提供了便利。

校园物质文化要将其意境化的特征充分体现出来,才能够在学生人格培养过程中发挥更大的作用。主体对客体的态度主要是情感的反映,人们通过个人的情感经历来判断外部事物是否满意自己的期望。情感的诞生往往基于客观现实的具体需求。为了与大自然更加和谐共生,校园内那些建筑和相关设施应当具备令人心情愉悦的特点。这样,当人们第一眼看到它们的时候,他们会立即与大自然发生情感碰撞和共鸣,进一步在精神层面受到深刻的影响和启发。在大学校园中,教师有机会通过物质文化的设计,引领学生更多地体验校园的人文风景,深入感受作者在人文作品中所传达的情感与精神。这种互动旨在丰富学生的情感,熏陶他们的品质,并协助他们培育出一个积极、乐观的生活观念。

(二)校园精神文化载体

高校教育不仅要为学生学习知识提供渠道,还要注重学生精神世界的建设。高等教育机构应致力于在校园内构建精神文化,因为文化是一种隐性学科,它与传统教学有所不同,没有明确的课堂计划,不仅不进行形式多样的授课,也不进行分数评价,而是作为一种精神表现存在于学校。卓越的校园文化有能力对学生产生深远的影响,塑造和改造他们的思想,这也能帮助学生确立健康的人生观点、世界观及其价值体系,进而帮助他们更清晰地认识、理解、思维,并探索他们属于自己的辉煌未来。校园的艺术文化和审美教育的相互互动有助于学生的身体与心灵健康的成长、人格的完善,并有助于增强他们的道德修养。

校园精神文化建设需要建设载体,也就是校园文化活动。学校的文化活动不仅能够体现出校园内的精神内核,还能在各种活动中整合道德、文化以及品质三个核心要求,从而使这些文化内涵在具体实践中得以体现。参与这些活动的学生可以获得知识和情感的丰富体验。要实现精神文化的真正内部化,学生应在课程和课外活动中自主地去理解和表达这些内容。因此,我们坚信校园内的精神活动和文化活动应该更注重实践性。只有学生真正地体验到这一点,他们才能深入理解和吸收这种文化,进一步培养自己的个性。在体验的旅程中,学生不仅可以投入情感,还可以在各类活动里探索和了解自己。从心理学的视角,体验实际上是一种对活动内涵艺术的感悟。若能全身心地投入,学生就能在这个过程中体验到一种深沉的感受。体验强调的不仅是主观的、真正的体验,更是一种细致的感受和体验。这种体验过程是学生在知识和行动之间的相互作用,能够培养和培育他们出色的人格品质,它对于学生的全面发展具有至关重要的意义。

在活动的执行中,主要关注两个核心层面:首先是确保校园文化活动呈现丰富而多种多样的面貌。学校文化活动在提升学生的审美情趣方面是非常有效的,它们使得审美文化更加深邃和丰富。因此,学校需要组织与艺术有关的讲座、表演、报告和其他形式的交流,为学生提供艺术获取和提升的平台,以满足他们对艺术的更高期望。其次,我们需要确保审美的实践活动是多种多样的。学生在进行审美活动时,不仅要有多样的实践经验,同时也需要社会上的审美资源作为支撑。学校的文化涵盖了众多审美要素,其表达方式富有创意,活动的风格也十分高尚,这些都为学生带去了审美的享受,同时也是高等教育中美育发展的关键部分。除了这一点,社群内部如艺术展览馆、美术馆和旅游点等也为进行审美活动提供了有力的支持和促进。

学校要时刻了解关注社会上的美育资源的发展动态,并且为学生课后美育活动的开展提供指导,鼓励学生参加各种形式的文化演出、文化活动,培养学生感受艺术美、自然美、社会美的能力,形成多层次的审美欣赏能力,不断地提高自己的审美能力。

(三)校园制度文化载体

校园制度文化涉及管理制度、管理措施以及校园内的行为规范、行为准则等,校园制度文化的特点是精确、稳定、权威以及有导向性,校园制度文化能够很好地指导学生的人格的发展,具体体现在以下两个方面。

第一,校园制度文化能够指导和规范学生的人格发展。青少年时期是他们人格形成和发展的核心阶段,而且他们的可塑性十分高。如果遭遇外部的负面文化,可能会误导他们的成长道路。但是,学校和学校的制度文化可以很有效地限制和纠正他们的这些不良行为。校园制度是一个不可违背的权威体系,其权威性不仅贯穿于校园各种活动中,还能有效地阻止不正当行为和不良思想的滋生。此外,这种制度也有助于学生塑造健康的思想观念,使学生的成长能够与社会和家庭的愿景相契合,并对其人格的成长起到重要的引导作用。

第二,校园制度文化能够让学生形成正确的价值观,让学生形成正确的是非判断标准。为了确保学生的人格健康性,他们应当具备正确的价值取向和正确的评判标准。学校所塑造的制度文化反映了社会中的制度文化。而对校园制度文化的完整和健全,可以帮助学生深入理解社会的政治、经济、道德和法律体系,并进一步培养他们形成正确的社会价值取向。

综上所述,高校校园文化体系的建构要遵循美的规律,充分体现审美理想。学校建筑的设计、外观和特色,以及环境的美观或绿意,在强调其实用性的同时,还能够通过其他方式为学生展现出直观的美学体验,帮助他们达到心灵愉悦、陶冶情操、净化内心和鼓励积极的目的。在高等教育机构中,管理者和教师可以采用示范、引领和激励的策略,用情感与审美去感动学生,为他们创设一个轻松而自由的学习环境。他们还可以利用科学的管理方法和强烈的情感影响,来积极地对学生进行教育,确保他们的人格得到健康发展和个性的全面成长。

三、美育课程建设的特殊载体:教师的言传身教

特殊载体是指在教育的过程中对学生的人格形成、完善起到相对特殊影响的教育载体。教师以其实际才华、真挚情感和深刻见解被学生所肯定和支持的思维、道德和意志,是那些具备健全人格的教育者的核心品质。这种品质在学生心中产生一种强烈的吸引力,既具有影响力又能与他们产生融合。实际上,它是教师在才华、感情、智慧、气质、各种能力、品格和语言上的综合感染力,也是教师内部品质的外在展现。作为教育者,教师的教诲和身体力行在塑造学生性格方面发挥着不可或缺的影响,是一种特殊的方式用于塑造和提升学生以美成人视角的性格。因此,在执行教学活动时,我们必须认识到教师的关键性,以及他们对人格发展的积极影响。

(一)良好的性格

性格是人格的核心,性格指的是人的心理表现出来的相对稳定的对现实的态度以及人的行为方式。通常,人们会依据展现出的特定性格来定义特定的性格类别。性格的划分可以涵盖内倾、外倾的维度和稳定或

不稳定的维度。以具体实例来解释,一个外向性格是包括主动、活泼和乐观的,而内向性格则涵盖了孤立和稳重的特点;情绪的稳定性涉及冷静和沉稳,而情绪的不稳定性则表现为焦虑、冲动或易变等各种状况。在教育过程当中,教师应当对自己的性格有深入的认知,并根据其独特性进行教学指导,比如说,具有外向性格的教师应在教学时经常选择说服或实际活动的方式进行教学;那些具有内向性格的教师,他们更适宜采用示范法、榜样法及感情培育技巧来进行教学活动。

总体来说,教师应该具备相对稳定的情绪。另外,教育工作者应当对学生抱有关心和爱护的心,积极地进行学习,保持公平、公正,并且始终诚信守约。教师不仅是学生们应当效仿的楷模,更应在生活中确保理论与实践的一致性,身体力行地向学生灌输正确认识的道德品质和价值取向。老师的教学方法和行动可以引导和鼓励学生模仿。明确地说,教师需要完成以下几个关键任务:首先,他们必须具有出色的政治修养;在当前社会发展的关键阶段,政治取向要准确;作为指导学生政治素养的导师,教师还需要拥有卓越的政治判断力和政治敏锐度;其次,教育工作者应当具有诚实正直的品质。只有品行端正的教师才能够培养出价值观正确、世界观正确、人生观正确的学生。这也是对学生最有感染力的老师,他们是学生成长过程中不可或缺的亮点。

(二)融洽的师生关系与较强的协调能力

和谐的师生关系不仅能够有效地推进教学的进展,也能缩小教师和学生之间的心理差距、激励学生学习。此外,这种和谐的关系进一步加强了教师的职业角色,使其从一个基本的职业需求转变为更高的职责和角色。因此,作为教师,我们有责任深深地关心和信任学生,给予他们深沉的爱,这不仅是建立和谐师生关系的关键,而且对于维持这种友好关系,给予学生充足的尊重与信赖也是一种重要的纽带。教师除了关注学生个人发展外,也应重视并欣赏他们各具特点的性格。终究,教育工作者应当掌握良好的协调、管理和沟通技巧,这样才能帮助他们与学生之间形成深厚且和睦的纽带。

当教师具备出色的协调、管理和沟通技巧时，他们通常会展现出对沟通的热情，从而给学生带来真挚、信任和尊重的感觉。如此一来，师生间的深厚关系可以使他们在情感层面上有高度统一，并产生一种强烈的师生协同动力。因此，教师在个人成长过程中，不仅应重视知识和技巧的进步，还应深入情感领域。与学生之间，教师应保持平等与和谐的交往，并在人际交往中为他们展现良好的典范。除此以外，学校的管理层同样应当拥有出色的服务观念和培养人才的意识。他们应该给予教师足够的尊重，并且在与学生的互动中，积极地去了解和主动沟通。这是为了构建学校内部的和谐关系，让教师和学生都能真正地欣赏到人际交流的和谐和美好，进而打造一个积极、向上的优秀校园环境，为大学生的全面成长提供一个优质的氛围。

（三）良好的自我调控系统

对于教师人格来讲，自我调控是非常重要的，它能够让教师形成积极乐观的自我认识，能够让教师正确地认识他人，也能让教师正确地调控情感，塑造坚韧不拔的意志力。深入了解和认识自己对于教师来说是非常有利的，因为这样不仅有助于他们更容易地认识和接纳自己，还能使他们与学生之间培养出更为和谐的师生关系。有情感的教师在教学过程中，可以展示出热情、乐观和真诚，进而有效地激发学生产生积极的感情。具备自我管理情绪能力的教育者，不仅可以迅速调节其消极情绪，还能在面对学生情绪异常时，为他们提供有益的指导，助力学生朝向健康的未来生活与成长。拥有坚定不移的意志的教师在他们的职责中展现了乐观、坚定、不向困境低头、无所畏惧的姿态，他们既能长期地留在自己的岗位，又能细心处理学生中的问题，为学生的成长奉献了自己的青春。

除此之外，教师还应该具备创新意识、学习意识以及实践能力，这些也是具有优秀人格的教师应该具有的品质。教师是未来社会的关键人才。创新的意识不仅使他们不断地尝试不同的教学策略和方式，也为他们提供了一个平台,以创造出更符合学生需求、能够启发学生思考、并有助于激发学生创造力的教学方法,进一步确保教师能更有效地完成既定的教学使命。教师们因为创新态度能够主动地接纳新的观点和趋势,这种积极的态度有助于教师不断地提升自我能力、丰富自我,并使得他们的知识更为深邃。广泛而深厚的知识能有效吸引并指导学生进行深入学习。

综上所述,我们发现了教师的榜样作用是巨大的,教师的言传身教能够在无形当中对学生产生巨大的影响,所以我们说教师的以身作则、言传身教是大学生人格素质培养当中的特殊载体。

四、美育课程建设的复合式载体:网络平台和其他学科的美学渗透

复合式载体是指在将两个或是多个不同类型的美育载体有机联系起来并综合运用,达到和谐配合、优势互补,从而发挥最大的教育作用的一种载体。网络是复合载体的一种重要形式,其他学科的美学渗透也综合了课堂教学和教师言传身教等不同类型的美育载体,属于复合载体。

(一)科学搭建网络平台,推动大学生人格的审美化发展

互联网即国际信息互联网络,特指集通信网络、计算机、数据库以及日用电子产品于一体的电子信息交换系统。校园网络在以美成人的大学生人格养成的美育中主要体现在校园网络艺术教育课程、网络艺术氛围的营造和网络技术互动平台三个方面。

第一,网络艺术教育课程。在当前互联网的背景下,课程内容与网络技术完美融合,从而诞生了网络课程,这样的教育资源利用在线页面和线上进行教学,突破了传统的教室空间限制。网络课程为学生设定了明确的教学目标、策略和内容,并拥有其独到的教学方法。通过在线网络作为连接,它把课程内容传达给了学生,从而为学生开辟了一种更为优化的自我学习模式。通过网络平台,学生在使用电脑访问互联网时就能完成艺术教育课程的学习。网络艺术教育课程的教学内容不仅更为生动,还能

够通过网络这样的渠道,生动且直观地呈现诸如字画、音乐、演出节目等多种艺术创作,这是传统课堂难以满足的教学需求。我们必须认识到,网络艺术教育课程可以有效地提升学生的审美观,并为美育教育的进一步发展提供助力。

第二,网络艺术氛围的营造。传统的美育教育方法大多依赖于书籍、报纸或者广播这类资料和传播媒体。这些资源及其提供的知识都是有限的,而且更新的速度相当慢,无法引起学生的浓厚兴趣。但网络与传统不同,因为网络上充斥着大量的艺术相关信息,并且这些信息更新的速度非常惊人。这使得学生们得以通过网络获取和学习各种信息,并有机会分享这些信息。关于网络艺术信息的美感,它主要分为两大类:一方面是网页设计的审美,设计和开发网页时可以精心搭配色调、结构、链接等元素,可以通过页面的美学设计展现出真正的艺术韵味;另一方面,网络内容的审美价值是不容忽视的,因此在构建校园网络的过程中,会遵循美学原则,特别是在校园网络搭建阶段。由于对信息的处理有严格要求,并且网络对艺术教育活动也有指导意义,因此在建立校园网时,学校应综合性地涵盖文学、历史、哲学和艺术等多个方面的知识,而且在内容的表现形式上也应更为丰富,包括但不限于声音、图像和文字内容,以增强艺术内容的表达能力。

第三,网络技术互动平台。网络平台提供了多样化的交流方式,既可以进行一对一的交流、一对一的互动以及多次的交流,因此与传统媒体相比,网络展现出更为优越的特点。教师和学生通过网络可以更广泛地参与沟通与交流,学生不仅有资格接收信息,还可以成为消息的发布者,只要学生愿意参与,他们便能成为交流的主要内容。在线交流模式导致了教师与学生间的相互关系发生了显著的调整,这种转变不仅限于教育者与学习者,还对人与人之间的平衡沟通有着显著的推动效果。双向交流的功能使得学生能够及时获得来自教师的教学信息,并有能力把这些反馈及时传递给他们。基于学生的反馈信息,教师尽可能提供有针对性地指导,帮助学生深入了解美、感悟美,并帮助他们调整情绪,从而完善他们的品德。

综上所述,我们发现,在学校美育教育的过程当中,网络因为其便捷、丰富以及交互性的特点获得了学校、教师以及学生的青睐,无论是在教育方面、文化训练方面还是师生的互动方面都有不可替代的作用,是学校美育教育的重要载体。

(二)其他相关学科的美学渗透

在审美教学过程当中,教师必须善于发现美的元素,向学生传递审美因素。经过仔细观察,无论哪个学科领域或是学校环境,总存在着一些教师讲解得相当出色。这种教师的授课不仅让学生体验到艺术的魅力,还使他们深陷于教师的教学技巧和内容之中。这一事实表明每一个课程都具备其独到的美感,同时也拥有一定的审美价值。以工程和工业为例,教育工作者在授课时应该突出展示分割美感、比例平衡和曲线美感,让学生体验创意之美和创造美感的吸引力;教授体育课程的教师有能力在学生参与运动时让他们体验和了解身体的美观与美感;技术性的教育者可以在指导过程中使学生体验到科学之美;道德教育教师在授课时能让学生真切地体验到德育的美学。德育与美育所涉及的内容是相同的,并且它们所追求的价值都是一致的,都在追寻真、善和美。

无论是哪门课程的教师都应该做到在教学当中表现学科美,也就是要展现出本学科的社会美、生活美、价值美,并且通过生动形象的方式让学生感受到学科美。例如,在教授文学的过程中,教育者能够借助文学的艺术形象使学生体验文学之美。在政治和历史中,英雄人物往往蕴含了丰富的审美要素,教育者有可能采用这些英雄人物的形象来进行美育教育。此外,教育工作者应该着重强化审美教育,特别是从教学策略入手。目前,我国的大部分学校更倾向于采用实际可行的教学手段,这使得这些方式对学生的吸引力较低。但,若能结合更为生动和充满艺术色彩的方法来呈现内容,便有可能显著提高审美教学的效果和吸引力。例如,教师能够使他所说的话更加富有幽默感和机智,为了使身体的姿态更为活跃和生动,我们需要让黑板上的内容看起来更为优雅且整洁。这些方法都有助于增强审美教育的效果。这些方法不仅能吸引学生的兴趣,还能激发他们的创新精神。学生在感受和体验美的过程中,可以获得更多的科学和文化知识。

第四节　高校美育课程的机制保障

"机制"原主要用于机械学,指"机器的构造和动作原理",现广泛应用于社会科学领域,指组织中诸多因素之间的内在联系及其运行方式。高等教育机构的操作机制描述了学院系统中各个要素间的关联和相互作用的策略、方法和其背后的理论基础,这也是确保学校主要工作目标能够顺利进行的关键程序与方式。构建一个科学而高效的管理体系将是美育与大学生人格发展教育能够规范、有序且取得实际成效的基础工程。

一、大学生美育的领导机制——校院两级"齐抓共管"

领导机制是指指挥、带领、引导和鼓励部下为实现目标而努力的过程,是以美成人的美育工作运行的"龙头"。一个健全的领导机构对教育活动的执行有着直接和关键的影响。传统的大学教学管理机构多数呈现金字塔的布局,代表一个垂直上下的层级体系模式。"等级权力控制型"组织是一种结构垂直型线性系统,其基于等级、以权力为显著特点并向上级负责任。该组织强调管理层在结构顶端所担负的责任和权利,同时还主张结合"制度＋控制"的方式来促使人们更加勤勉的工作态度,从而更好地实现管理目标。不过,当等级权力被过度控制时,人们往往会陷入刻板和僵化的习惯中,这种情况对于培育创新思维并推进美育这一要求更高灵活性的教育方式会产生负面影响。"协力共建"实际上是为了加强和优化大学生的美育教育,而设定的一套组织领导以及工作流程机制,它是确保具体教育任务真正实施的关键先决条件。因此,鉴于领导力机制在美育工作实施中的不可或缺的角色,深入研究并实施校院双级"共同参与和管理"的大学生美育领导制度显得尤为关键。

(一)确定校院两级"齐抓共管"的职责

一方面,在学校层面上要发挥领导的导向性和监督性。建立学校领导小组,集中学校的党、政、工、团的主要领导,无论是从思想上、组织上,还是从行政上、后勤上都能对学生的美育工作起到有力、坚强的后盾作用,在学校领导小组的领导、管理和协调下,促进大学生美育工作的具体落实。

另一方面,在学院层面上要发挥学院学生管理部门的具体性和针对性。结合学校的教育教学精神,将具体的学生管理、组织、引导工作落实到具有针对性的学生活动中,更好地搭建科学、合理的美学教育平台,促进学生的人格完善。

(二)明确校院两级"齐抓共管"的内容

对美育工作实行校院两级"齐抓共管",那么具体"抓"什么,"管"什么,笔者认为主要包括以下四点。

第一,要做好艺术课堂教学落实工作。在教育教学中,学校应该从思想的角度进行课堂的规划、布置和执行,创建出易于深入、具有强烈吸引力并富有趣味的教学方式,确保艺术课堂教育得以真正实施;学院有责任对学生进行课堂管理,确保学生的出勤情况,以及保证学生在课堂上对教学素材的掌握程度。

第二,要做好校园文化共建工作。学校在物质与文化层面上实施了科学的审美策划,而在精神与文化的构建上,他们负责引导和指导学生的学习与活动方向;在基础层面,学院积极地引导学生学习与生活、活动的具体内容与形式,致力于为学生打造美丽的学习和生活场所,包括宜人的寝室、教室和校园,以进一步营造出富有美感的校园文化环境。

第三,要推进教师人格美化。在教育机构的环境下,教师的培训应该进一步加强,为他们创造更丰富的学习与领悟环境,同时为他们的个性发展提供一个更为宽广的平台;在教育学院的环境中,需要增强对每位教育者的关心与支持。当情况需要时,应提供所需的援助。这样,可以确保教育工作者在课堂中保持愉快和精力充沛的状态,引导学生投入到学习的乐趣中。

第四,加强网络平台监管。在学校管理层面上,通过对网络环境的优化和美化,不仅引导学生去追求和欣赏美感,还对他们在网络上的表达和活动进行了严格的监督,以便及时识别和解决不良和不协调的观点与行为;学院在整个教育体系中,从上到下都努力提高网络道德和网络审美的推广力度,鼓励学生深入理解和创造网络之美,对于美的网页设计、赞美的言辞和在线行为给予奖励,目的是在一个平等、宽广、尊重和审美的环境中,帮助学生建立良好的自我认知,提高自尊和信念,并助力其人格的完善。

二、大学生美育的动力机制——以"学科建设"为依托

以美成人的美育发展动力机制来自高校美育学科的建设和发展。科学理论指导伟大实践,美育实践在高校的发展也同样需要强大的理论指导。高校要充分认识美育理论对大学生美育实践的重大指导作用,自觉加强美育学科建设,推动大学生审美教育工作的健康发展。

(一)高校自身要加强美育学科建设

20世纪90年代以来,虽然美育被写进了教育方针,但在中国高校的发展并不尽如人意,美育与高校其他德、智、体几项教育相比是发展最弱的一项。究其原因,缺乏科学、系统和完备的理论指导应该是主要障碍之一。自从20世纪80年代中国美育开始逐渐走向复兴,伴随美育理念研究的持续加深,把美育看作是一个独立的科目的观点已经被广泛统一,学术界也为此投入了大量的努力,并已获得了初步的学术成果。现代美学理论的研究揭示,美育不仅仅是一个学科,它也是一个新兴起的交叉与边缘的学科。只有当美学、教育学、心理学、文艺学、文艺美学和脑科学等多个学科联合关注时,才能建立起完整的美育理论体系。在美育学科中,它所独有的特性,也着重于理论与实践的融合。但是,在现代审美理论的研

究领域里,存在一个显著的两个明显的断层和问题,也就是理论的具体性和经验的抽象性的明显不足。高等学府汇聚了众多学科的高端研究人才,它不仅是进行理论探索和知识革新的核心区域,而且也是开展美育教学活动的场所,拥有构建美育学科极为有利的环境条件。

因此,高校要充分重视美育学科的建设,引导和组织相关学科科研人员联合攻关,系统研究美育学科的一般规律、本质特征、功能任务、方式方法等基本问题。另外,为学科建设提供必要的资金、工作人员、场地和设备等基础物资支持,进一步助力并促进美育学术的持续发展。这一措施有助于逐渐建立高水准的美育领域,使得高等教育机构能在一个系统化和完整的理论框架内,通过以美育为基础的成人实践工作,获得无限的发展潜力。

(二)利用学校现有学科优势建设美育课程

在当前美育学科建设尚处于发展阶段过程中,高校美育实践不能等待和观望,要紧紧依赖并整合现有学科实力,开展美育实践活动。因此,高等教育机构应该紧紧把握素质教育的理念,利用其学科研究的强项,确保所有学生都能受益于这一教育目标。基于历代的美学、文艺学、教育学观念,结合数字和信息技术传播,来设计出既具有中国特色又充满现代内涵的美育课程。学校应该以学科建设为中心来组织和策划美育工作,有条不紊地发展美育课程,将文艺理论和教育学等专业课程作为实施美育的核心工具和主要内容,进一步完善美育课程体系,并将其推广到其他学科和学校教育中。同时,我们应该将文学创作、戏剧、诗歌、音乐、绘画等多种艺术形式的欣赏性和创造性纳入并作为美育理论课程的有益补充。通过具有实际操作性的审美实践活动,能够提升大学生在审美鉴赏和创作方面的能力,从而实现情感的满足和提升。

三、大学生美育的评估机制——以"个性化评价体系"为依托

美育从学科发展的角度,要具备相应的评估机制,但因美育学科的特

殊性,其评价体系应具有个性化的特征。在20世纪的三四十年代,教育评价这一现代教育领域的子学科在美国诞生。对于其深层含义,各种观点层出不穷。布卢姆持有的观点是,教育评价不仅是一种评估和处理学生能力和教学效果的手段,也是描述教育最终目标的辅助工具。它是一个评估学生按照这些理想方式成长到何种水平的过程,同时也是教育研究和实践中的一个重要工具,可以看作是一个反馈和修正的系统。总体而言,教育评估是基于特定的教育目标和准则,运用科学的方法和态度,对教育活动、参与人员、管理方式以及工作条件的状况和成果进行质量和数量的价值评估,从而推动教育的持续进步和发展。个性化评价是一种允许学生按照自己的方式完成分配的任务,从而产出语言的评价方式。这种评价方式因其与课程内容紧密相连并能整合其中,以及具备对整个学习流程进行持续评估的能力,特别适用于评估学生在学习策略、情感策略和文化意识等多个方面的表现。

美育的教育目标主要是使每个学生的艺术能力和人格水平得到整合发展,是一个多元的结构体系。由于学生在情感态度、价值观、方法能力和行为习惯等方面具有明显的个体性、程度差异和内隐于心的特质,因此,每一个学生的学习过程都是一个充满活力的动态个性活动,很难仅通过单一的评价标准来全面反映出评价对象的多样性和特点。因此,在进行美育的评估时,我们应该展现出独特的个性,并强调艺术的独特性。

(一)确定差异性的评价标准

教学中,每个学生发展的速度与轨迹不同,发展的目标具有个体性,因此评价也应是个性化的。在进行教育评估时,我们需要根据学生的各种背景和特质,准确地评估每位学生的独特性质和成长潜力,从而推动他们的全面进步。在过去,我们的教育方法主要集中在学生的审美教育知识和技巧的掌握上,却往往忽略了培养学生的审美观念和个性的发展;过分强调艺术能力出众的学生的成长,而忽略了其他学生的进步,导致了教学评估的单一化,从而使艺术教育缺乏持续的内在驱动力。

我们应该根据学生的实际特点,建立学生个体的评价档案,尊重学生的个性发展和差异存在,强调过程取向和主体取向的评价。任何具有教育意义的成果,例如学生在课堂上的微小表现,无论是否与既定目标一致,都应得到评价者的肯定和支持。主体性的评估不仅仅依赖于外界的监督和管理,更重要的是每个参与者对自己行为的深入反思和能力培养。与此同时,我们还需要遵循"分层施教"的策略,明确每个学期的目标,并确保相关措施得到严格执行,从而确保每位学生在其原有基础上都能得到进一步的成长和发展。

(二)制定综合性的评价内容

以美成人的高校美育是一个庞大的教育体系,因此应当在全方位、多角度地调查、思考和研究的基础上制定综合性的评价内容,以促进高校美育顺利实施。作者从三个不同的角度出发,构建了以美育成人为核心的高等教育美育评价体系,包括美育的工作环境、实施过程以及最终的工作成果。首先,美育工作的条件维度主要涵盖了组织结构、资金支持、环境条件以及基础设施等多个方面,这些都是确保高等教育美育工作能够顺利进行的关键因素。从组织结构的角度看,它详细地包括了组织的管理结构、员工团队和工作流程等多个方面。接下来是关于美育工作的评价维度,这主要涵盖了日常的教学活动、管理的审美化、艺术课堂的教学方法、网络平台的建设、学科美学的渗透、校园文化环境的建设以及相关的科研活动等多个方面。美育的实施过程构成了美育工作的行动路径,它是美育工作的核心部分。评价美育工作效果的最后一个维度是对美育工作现状的"诊断"环节,这是教育评价过程中的最重要环节。该评价体系主要针对学生这一特定群体,其评价内容不应只局限于学生的知识和技能,更应深入探讨学生在情感、价值观和心理结构等方面的人格变迁和成长。评价可以进一步细分为基础内容和发展性内容两大类;其中,基础内容作为评价教育的根本依据,主要涵盖了艺术知识的理论水平和艺术审美能力等方面。发展性内容被视为评估学生学业表现的核心标准,它主要集中在对学生的创新能力、价值观等人格特质的评估上,并着重于提高学生的整体素质。通过构建全面的评估标准,可以有效地激发教师和管理人员在教学和管理方面的积极性,同时也能激发学生的学习热情和审美兴趣,最终实现学生人格的全面发展和审美价值的提升。

(三)建立多元化的评价方式

促进学生的个性发展和潜能挖掘,要建立多样化的评价方式来充分调动评价对象参与评价的积极性。

第一,日常性评价和阶段性评价相结合。在日常教学过程中,教师不仅仅依赖期中和期末的评价结果来决定整体教育质量,他们需通过各种方式,如多样化的活动,来深入了解学生在艺术欣赏和展示等各个方面的表现。这种综合性和长期性的评价方法的融合能够使得对学生进行更为全面和公平的个性化评估。

第二,学校评价和学生自我评价相结合。在传统的教学评估中,教师通常作为主要的评价机构,课堂评价活动基本上只局限于教师对学生进行的评估,而学生则是被动接受评价的人。个性化评价需要教师成为更多评价活动的策划者和调解者,评价的主体应具有多元化。通过教师和学生的积极参与,这次的评价活动变得更为全面、更具说服力以及具备更强的方向性。自我评价法是学生对个体行为的自我评估,它包括三种主要形式:表演能力个人评估法、理解能力个人评估法和自我观察和自我评估方法。这种评估方式能够鼓励学生更多地参与评审活动,同时也相对节约了时间,能够有效培育学生的独立学习技能,掌握有力的学习手段,并增加他们的学习兴趣。学生通过自我观察和反思,针对自己的学习方法和策略进行了相应的调整与完善,这比教师直接给予的学习建议更有启发性,有效地培育了他们的独立学习习惯及技能。

四、美育队伍建设机制——以"教师美学修养提升"为前提

在学校教育中,教师为人师表,教师的形象对学生具有耳濡目染、潜

移默化的影响,当教师作为审美对象存在时,也必然以其外在和内在的统一为审美的标准。因而,提升教师、管理人员的美学修养,加强这两支队伍的建设,对提高高校大学生美育工作的实效性具有重要作用。下面主要从内在美、外在美和教育技能美三方面进行探讨。

(一)提升内在美

人的内在美是指人的内心世界的美,是人的思想、品德、情操、性格等内在素质的具体体现,所以内在美也叫心灵美。该概念涵盖了人生观、对人生的期望、思想的深刻觉醒、高尚的道德品位、坚定的行为态度、日常生活的情感状态和文化修为等多个方面。内部之美是人真实本性的映射。一个人若拥有这内在美,在心灵深处便能放射出美的闪光,从而进一步显现其外在之美。具备高贵的品德、专业水准和深厚的艺术鉴赏力,这些共同塑造了教师及管理者内心的美好。

第一,教师和管理人员必须具有高尚的人格和职业道德。教师及管理人员崇高的品格对于学生性格的塑造起着至关重要的作用,这种影响随处可见,有时还能深刻地塑造他们的人生观和世界观。所以,从大学的美育视角出发,教育工作者和管理层必须重视个人修养的主动性,只有真诚并主动地提升自己的素养和人格,才能真正地加强个人能力的提升。为了满足学生、家长及其他社会层面对于教师职业的各种期待,教师与管理人员需具备高尚的职业伦理,这样的道德标准才能获得学生、家长以及社会的广泛认同、深信和高度评价。一般而言,教师应该对其职业道德保持忠诚、对学生抱有深厚的情感、在学术研究中表现得认真、身体力行,并成为学生的楷模。

第二,教师和管理人员必须具有丰富的专业学识和相应的艺术修养。一个教师的专业素质主要包括教师本身的知识储备和对应的教学技巧,它不仅是所有教师都必须拥有的核心知识支撑,同时也构成了教师吸引力的关键来源。教师专业素养与学生接受教师的程度有着密不可分的联系,拥有扎实的专业基础不仅是学生能够信赖和接受教师的基础条件,还是构建优秀教师形象的坚实保障。艺术修养不仅能使人展现出美丽的风采,还能熏陶人的道德情操,进一步增强了人与整体团队之间的和谐关系。教育工作者和管理者有责任努力为员工创造一个美丽的生活环境,通过身心的修养和审美的培育,全方位提升他们的审美修养。同时,他们还需用高贵的道德、有序的秩序和宁静的环境,来装点学生的内心、磨炼他们的情操、启发他们的思维、拓宽他们的视野、激励他们前进的意愿,并确保他们的心情总是愉悦的。

在教师、管理人员内在美的提升方面,由于高校的教师和管理人员都是具有高学历、高智商的知识分子,是社会的精英,他们掌握和熟悉科学文化的发展动态以及人才的培养规律,因此,对教师和管理者进行自我教育和能力提升的必要性是巨大的,它不仅是必要的,更是至关重要的。从一方面来看,通过参与教师论坛、专业培训活动和优秀教师的杰出事迹分享会等途径,我们可以加强教师和管理层的个人道德修养。"教师是人们的楷模"。在日常的教育和生活中,教师应持续地学习与感悟,为培养个人的崇高职责、深沉的爱情和独特的审美而努力。从另一个方面来看,教育工作者和管理者在日常工作中应当主动地优化自己的知识体系,不断地加深自己的理解。他们在知识的探讨、研究和扩充过程中应展现出创新精神,对已知的知识世界保持不受拘束的态度,对新的事物、问题和经历持有持续的敏锐感知与激情,这将有助于他们保持对前沿知识的追求,在教育的实际决策过程中,尊重成长的自然规律,与时俱进,以提高学生美育教育的效果。

(二)提升外在美

教师和管理人员的外在行为修养,主要体现在他们在教育教学和工作中表现出仪表美、举止美和言语美三个方面的美学修养。

1.教师和管理人员要具有仪表美

作为审美的主体,教师和管理人员要能够感知美、认识美并能够在工作中创造美。而作为审美的客体,教师和管理人员则以其自身成为美的载体,即所谓的仪表美。因而,在教育工作者和管理层,着装应当具有明确的职业倾向。从审美角度来看,教师的服饰设计应展示其简约、明亮、端正、典雅和大方的风格特点。作为教师"身为教育之楷模",他们自身就是学生的示范和学习对象。因此在选择服饰的时候,我们不仅需要确保与学校的环境及教育氛围相符合,同时还要考虑到社会对教育工作者的教育素养和其他相关要求。教师的服饰不仅要吸引人们的视觉感受,还应当强调教师独特的自然美感,凸显其性格属性及其内在的行为风采。

2.教师和管理人员要具有行为美、举止美

文雅的动作很大程度上来源于个人的德行和修养,即个人自身的内在精神。在进行教育实践活动时,教师需通过他们优雅的举止和风采,展示出深厚的教学经验、扎实的专业学术基础、深沉的思想寓意及对生活的独特见解。只有这种方式,学生方能对教师怀有崇高的敬意和崇敬。让他们深刻感受到教师所代表的那种"美感"及其内在的本质之美。

3.教师和管理人员要具有言语美

从语言艺术的角度来看,富有魅力的教师不仅是由于他们对于社会、人生的智慧的洞察,更在于他们有能力用美的语言去拨动学生的心弦。因此,教师不仅具备丰富而深邃的智慧内核,同时也肯定展示出出色的言辞表达能力和教学风采。当教师能够流利、精确且带有幽默感的表达,再加上富有创意的授课方式,学生经常被激发去体验美、理解美、产生美感的联想,并据此去寻求美,从而获得学生的赞赏和喜好,以及与他们之间产生深厚的情感交流。

在教师和管理人员外表美的提升方面,可通过艺术类课程、旅游观光、艺术欣赏等方式来提高教师和管理人员的艺术素养。艺术素养可以激发人们的审美潜力,进一步提升艺术素养。这样的修养不仅能促使教师和管理人员将其工作和工作内容看作是一个感性的、完整的整体来分析和审视,还可以通过多样的方式来展示美,进而在教育过程中营造一个充满美感的学习氛围。教师还可以运用自己的语言表达方式,包括语态、表情、手势和言辞等,来教导学生感受和认识美的本质。因此,为了提升教师和管理人员的艺术修养,他们在日常生活中应当注重各种锻炼,例如保持健康的身材、展现自然的情绪和姿势、使用流畅且恰当的语言等。当他们在选择服装时,应以审美为准,确保得体大方,并与学校环境及职业相匹配,从而给学生带来良好的行为示范。

(三)提升教学、管理技能美

教师和管理人员的身份角色和职业特点,要求他们在工作中要注重提高自身的教学、管理技能美。

1. 教师要提高教学技能美

教育不仅是一门科学,更是一门艺术。所谓的教学艺术,也即教学导向,意味着在教学活动中展现审美的特质,并给予学生审美的体验。有学者认为教学具有三重性:科学性、思想性和审美性,分别对应于教学的真、善、美。其中,教学的审美性即教学活动本身所具有的特性之一。因为各个事物的性质和功能都有着密切的联系,所以教学过程因其审美性质而具有审美功能。教学过程中审美的特性以及审美功能的实现,构成了教师教学活动能产生令人着迷和审美吸引力的基本动力。教师依据其内在的教学法则和美学原则创造的所谓的教学美,实际上是教师才智的体现,也是其出色教育技能的显现。

一方面,教学过程具有和谐美。教学的整个流程是由教与学之间的互动与整合共同塑造出来的。作为教育工作者,教师应当高度重视与学生之间的主体性。学生在此过程中应得到独立、全面、和睦和持久的成长,并实现各种心理技能的和谐合作。充分激发学生的想象力和情感,确保理性元素与非理性元素之间能够顺畅交往,进而营造出充满活力和生机勃勃的教学环境。

另一方面,学习内容具有充实美。教学内容的多样性不仅是构成教学美学的一个不可或缺的要素,其丰富多样是因为这些内容不仅覆盖了科学基础、伦理社会、劳动技术、艺术以及体育运动等多个方面,而且这些学科在不同层面上都存在着相互影响和融合的特性。课程内容中所体现的美学，既包含了从人类的文化知识体系直接融入的艺术、社会、自然和科学的美，同时也包括了经过教师和学生深度改良和改进而带有美学特点的部分内容。

2.管理人员要提高管理技能美

管理人员在工作中，特别是在与学生进行交流的时候，管理者应该高度重视有效的沟通手段，一个和谐的沟通环境和愉快的气氛有助于工作的开展和对学生个人的培养。在管理活动中，我们应当追求创新的手段，始终深入了解学生的思维趋势和需要，采纳学生喜爱和愿意的方法来高效执行管理职责，这样可以在日常操作中获得他们的尊敬与肯定。

教师和管理人员在教学、管理中是否体现出工作的美感和艺术性直接影响着教师与学生、管理人员与学生的知识传授、工作交流、情感沟通等互动是否顺畅，因此，增强他们在教学和管理上的专业能力是非常关键的。在实践工作中，教师可以通过多种措施如培训、灵活轻松的互动交流和进修来增强其教学和教育技巧的能力。首先，教育和管理过程中，教师与管理者需要展现出机敏、敏捷的思维和能力。教学策略更有助于激发学生的思维。接着，教师和行政管理者不仅需要深入了解并掌握自己的专业技能和知识，还应当对课堂教育活动中的一些次要知识有一定的认识和掌握，这样能够更有效地展现他们的教育和管理能力。他们还需要借助网络、计算机和多媒体等先进工具，来创造和营造一个优质的教学和管理环境，从而显著提高对学生教育和管理的实际效果。最终，教育工作者和管理阶层应具备富有幽默与风趣的行为特质。对于教育者和管理层来说，我们在日常的生活和工作中都应该积累一些幽默的内容，并练习他们幽默和机智的言辞和行为，这样可以在教学和管理中更加巧妙地利用这些技巧，创造活跃的氛围，缩短与学生之间的距离，并促进有效的情感交流。

第六章　高校美育课程评价体系建设研究

《教育部关于切实加强新时代高等学校美育工作的意见》明确提出，积极探索中国特色现代高校美育评价制度，进一步完善高校美育评价体系的目标任务，要求所有普通高校将美育工作及效果纳入本校人才培养工作评估指标体系中，并作为办学评价的重要因素进行督导检查。这是对新时代高校美育改革发展提出的明确要求，使高校美育工作有据可循、有规可依，为构建德、智、体、美、劳全面培养的教育体系，培养高素质、创新型、复合型人才提供了制度性的安排和保障。要实现以上目标，就要从树立科学化的高校美育评价理念、体现差异化的高校美育评价标准，以及坚持多样化的高校美育评价方法等方面着手，以评价体系为杠杆，切实推进新时代高校美育工作的改革发展。

第一节　高校美育评价理念的科学化建设

如果说教育目标是学校教育的第一支点，那么教育评价就是撬动学校教育发展的第一杠杆。中央音乐学院教授叶小钢曾强调，美育评价是对美育活动、美育过程和美育效果进行价值判断，以期提高美育质量和为教育决策提供依据。

高校美育评价是对美育活动的前期准备、实施过程、实施结果进行测量、分析、整理和价值判断，它具有导向、诊断、激励、管理等基本功能。树立科学化的高校美育理念，要求我们充分认识到新时代高校学生美育工作的多元性、完整性和互动性。

一、高校学生美育工作评价的多元性

"多元性"是2016年全国科学技术名词审定委员会公布的管理科学技术名词,出自《管理科学技术名词》第一版,其定义为:系统的组成部分各自具有不同的性质、特点、目的和行为,因而相互区别所形成的系统特性。高校学生美育工作评价的多元性,主要体现在其评价主体的多元性、评价方式的多元性、评价内容的多元性三个方面。

(一)评价主体的多元性

评价是参与评价的所有人之间交互作用的结果。传统意义上,高校学生美育工作的主体是教师,以往的评价模式也是将教师放在中心地位,学生不具有或是仅在形式上具有评价权。事实上,美育工作评价并不是某个人的特权,它需要多方人士共同参与,只有如此,方能得到一个多方面、多维度的评价结果。因此,高校学生美育工作的评价主体应包括校内的美育指导教师、辅导员、学生,校外的则应包括地方教育部门、校企合作单位和用人单位。同时,高校还应组织聘请美育领域专家,引进社会第三方评价机构,建立校内、校外相结合的多元化评价主体。

(二)评价方式的多元性

由于长期以来唯量化的评价导向,对高校学生美育工作的评价也主要侧重于采用知识点问卷测试、问卷调查统计等方法,评价方式较单一。根据《深化新时代教育评价改革总体方案》的各项要求,对美育工作的评价需要将学生的认知、情感、意志、价值观等内容纳入其中,从而充分体现美育评价的人文性、多元化。因此,应逐步将客观量化测评与主观效度检验结合起来,综合采用结果评价、过程评价、动态评价等方式,既采用群组终结性比较评价,也实施个体形成性发展评价,兼顾差异、鼓励创新,回归高等教育的本质和初心。

(三)评价内容的多元性

当前,高校美育评价大多是对高校美育教学质量进行评价,对高校美育管理、校园美育文化建设等方面鲜有涉及。注重评价内容的多元性,可以更好地发挥美育评价的"指挥棒"与倒逼作用。就高校学生美育工作的评价内容整体而言,应包括对学校美育教学、管理、教师、学生、内容、方法以及效果等多方面的评价;对评价内容个体而言,则应更综合化,既评价审美感受,也评价逻辑认知。

二、高校学生美育工作评价的完整性

高校学生美育工作评价应遵循完整性的理念和原则,立足于培养德智体美劳全面发展的社会主义建设者和接班人的现实需求,有标准、系统地对具体工作的整个过程进行观测和评价。

针对美育工作成效的最终测评,应以师生的审美水平、审美能力、知识获得和运用情况为中心。例如,可以通过选取现代教育学、现代美学、社会学、系统论等多学科的测量分析视角,借鉴教育评价的核心理念和国内外最新研究成果,针对大学美育评价主体、评价目标、评价标准、评价方式、评价工具、评价保障等方面展开多元化、整体性研究设计;也可以围绕美育教育实施过程、学生美育综合素质表现等,对实践者的表现和工作效果进行评价。

同时,根据教育教学发展目标、社会人才需求标准,应对高校学生美育工作评价标准与指标体系构建进行整体的规划和全局部署。在复杂的教育系统中,管理者、教育工作者需看到美育工作评估的本质和意义,尽可能完善、优化工作的内容和手段。高校应保证学生美育工作评价过程的完整性、评价指标的全面性,扎实地推进美育工作。

三、高校学生美育工作评价的互动性

美育在《现代汉语词典》的解释是以培养审美的能力、美的情操和对艺术的兴趣为主要任务的教育。可见,美育不仅是认识世界的方式,而且是实现真、善、美,统一健全人格塑造的重要方式。美育的主要任务决定了其具有互动性的特质,因此,对高校学生美育工作评价也要树立相应的互动性理念。只有将学生的审美意识、审美能力的考核与学生学习质量评价衔接起来,才能充分彰显以学生全面发展为中心的逻辑机理。

以往"以教为中心"的教学模式在传授纯粹的美学知识方面效果不错,但对培养学生的思辨能力和审美实践能力上收效甚微。2022级的大学生大多是"00后"青年,他们个性鲜明、思想活跃、朝气蓬勃。"以学生为中心"的教学过程能更好地满足他们个性化、多样化的成长发展需求和期待,帮助他们形成正确的审美观、价值观,在实际生活中分辨真与善、美与丑。

树立互动性的评价理念,包括将综合评价与特色评价有机结合,通过网上评价、问卷调查、召开座谈会、发展学生担任教学信息员等形式,获取学生对艺术修养课程教学的意见和建议,从而进行动态整改。这里有三个关键点:一是对学生客观公正评教进行正确的训练引导,让学生评教有的放矢,更具建设性;二是合理分配学生在评教中扮演的角色,均衡权重,让整个教学评价更加合理;三是把评教活动创设成一种共同学习的环境。在这种环境中,让教师和学生真正感觉到他们在一起努力和成长。

第二节 高校美育评价标准的差异化建设

高校学生美育工作的最大特点是实践性和体验性,对美育的评价尤其是对学生审美素养的评价很难以传统方式给出一个确切分数。我国学者蒋勋在其《美的觉醒:蒋勋和你谈眼、耳、鼻、舌、身》一书中描述过这样一件事:一次美学课程考试内容为贝多芬第九交响曲,有许多学生得到了高分甚至接近满分;可他清楚地记得,一位分数较低的学生,在课堂上聆听这首乐曲最后乐章时,一言不发地坐着,满脸都是泪水。蒋勋说,美学课堂上,考高分的学生在美学感受上,是不是能拿到同样的高分?而也有一个人可能只考了60分甚至更低的分数,可是他曾经在音乐里热泪盈眶。或许他的美学分数并不高,可是他在美的感受上,却是一个高分的学生。为此,蒋勋发出感慨:"也许,美,根本无法被打分数。"

第六章 高校美育课程评价体系建设研究

与之相对应的评价标准,则是对既定对象、客观事物和现象进行评价的参照和基准。判断管理任务是否达标、工作模式或好或坏,不应以个人意志和经验为主,而应以客观和量化的标准为主。由此可见,针对高校学生美育工作的评价体系要依托完善和多元的指标,对美育特征、美育现象进行多维测评,在倡导学生德、智、体、美、劳全面发展的同时,鼓励个体的差异性和多样性,不能用"一把尺子"衡量学生的艺术养成,而是要从价值观塑造、人格养成、情感教育和综合性审美体验等不同维度,充分体现差异化的评价标准。

一、价值观塑造

强化美育教育,很重要的是建设我们的精神家园,在培养人的审美观念的同时,促进人的全面素质提高。2022年5月,中国高等教育学会美育专业委员会理事长杜卫在线上举办的"新时代中国美育理论北京大学美育论坛暨高校优秀美育课程案例交流会"上就曾明确提出,艺术人文教育的实质是引导学生认知、体验和领悟经典艺术的人文意义,树立纯正的人生价值观和艺术价值观。因此,艺术人文教育实质上就是一种价值观教育。

二、人格养成

欧洲早在古希腊古罗马时期就开设了艺术、哲学、历史、体育、数学等科目,我国先秦时期也倡导"六艺"——礼、乐、射、御、书、数,足以看出美育对人的综合素质和健全人格的培养与塑造的重要性。

美育的核心功能是个体塑造,通过审美课程教学和审美实践活动加强学生审美修养,使其具有审美意识和审美价值。西方知名美国学者席勒先生指出,美育核心在于促进人的自由与成长,其终极目标是培育学生的情感与能力,让其完整地达到和谐状态。在人格的塑造中,美育显现为德育中的一个特定环节,它充当着连接理性与感性的桥梁,并通过各式美的手法影响人们的情感,从而深度塑造学生的性格、气质、修为和情感等各方面,进而推动人的精神健康与和谐,促成理性与感性之间的和谐发展。审美教育、道德教育、智力培养、体育锻炼和劳动教育具有平等的重要性,是新时代全面发展人才教育中不可或缺的关键环节。

三、情感教育

近代中国最早提出美育思想的学者、近代中国美育思想的奠基人——王国维,曾明确表达"美育即情感教育"这一观点。在中西方美育思想影响之下,他接受了中国古代艺术与情感关系的艺术"言情"论的美育观点,其精神内核在于明确提出了情感教育是一种审美情感的教育,具有愉悦性、间接性、个体性与整体性相统一的特点,需要通过高尚的文学艺术作为实现美育的手段,达到培养"完全之人物"的目的。

由此可见,审美教育本质上是一种生命教育和情感教育。情感教育是审美的核心,也是审美和教育实现沟通的桥梁,是促进审美和教育有机结合的动力。心理学的研究表明,情感的激发能活跃人的感知、想象、理解等心理因素,促进人的心理结构的完善。在育人实践中,通过审美激发人的情感,能直接通达教育的底里。

四、综合性审美体验

综合性审美体验也是高校学生美育工作评价的重要标准之一。

体验,既是审美的主要方式,也是高校教育活动中不可或缺的重要环节。从审美的角度看,体验代表了主体与对象之间的深度结合、新的境界的创造以及自我超越的旅程;从另一个角度看,如果在高等教育活动中缺乏实际体验,那么教师与学生之间的融合将变得困难,外部的知识也会因为不能深入人的内心而难以推动人的全面发展。经验告诉我们,只有通过实际体验,教育活动才能真正实现知识的内化、能力的加强、意义的启示以及人性的完善。因此,体验成为达到审美与教育目标的关键途径。

美育能培养学生具有良好的审美体验,培养学生具有感受美、鉴赏美的能力。在审美活动中,审美体验与人们的精神需求是密不可分的,它是人们在现实生活中进行心理活动的直接结果。在我们的日常生活中,美是无处不在的,而审美的体验也是随处可见的。在任何有人居住的地方,美的存在都是不可避免的;只要有美的元素存在,它便能激发人们的审美感受。形式的存在是为了满足内容的需求,不论选择哪种方式,其核心目标始终是为学习者提供优质的审美体验。因此,为了确保大学生能够获得优质的审美体验,我们应该从全面教育的角度出发,将审美观念融入教育的每一个环节,使学生始终能够感受到美的存在。

第三节 高校美育评价方法的多样化建设

多年来,大学教育系统设置教学课程,并建立了完整的评价体系,但在"五育"中,唯缺美育评价体系。积极探索中国特色现代高校美育评价制度,进一步完善高校美育评价体系,是教育部对新时代普通高校美育工作的新要求。

教育评价有诸多模式与方法,然而,由于高校学生美育工作评价理念的多元性、完整性和互动性,以及评价标准的差异化等,美育评价方法的选择和界定必须慎选、慎用。否则,不仅很难达到以评价促进学生"审美与人文素养发展"之目的,反而还会阻碍美育工作的实施。要想遵循美育规律进行美育评价,主流的评价方法包括总结性评价、形成性评价、体验式评价和个体差异性评价等。无论选用什么方法,都应力求合目的性、合规律性且具可行性。换句话说,评价的方法与手段应与评价的对象或内容相适应。评价的对象或内容不一样,需要采取的评价方法与手段也会不一样。

一、总结性评价

总结性评价又称终结性评价、事后评价,一般是在教学活动告一段落后,为了解教学活动的最终效果而进行的评价。学期末或学年末进行的各科考试、考核都属于这类评价,其目的是检验学生的学业是否最终达到了各科教学目标的要求。

　　作为一种集感知性、获得性和内生性于一身的教育形式,美育的教育效果难以像其他知识型或实践型教育一般进行定量或定性评价。一方面,美育影响的是学生的情感世界、精神境界、人性完善程度,这并非能简单地用数字说明的,我们应当按照定性评价的要求去建立评价标准、确定评价方法;另一方面,美育实践需要投入大量的人力、物力、财力,需要开展一系列活动,需要学生阅读一批经典作品,而这些又都是可以而且应该量化的。

　　对高校学生美育工作的总结性评价,首先,可以以美育目标的确定和实施为重点,考察美育实践者有没有确立目标,目标是否正确和明确,有没有让目标对活动的各个方面起统领作用,有没有体现出审美特点,有没有制订出相应的计划、采取必要的措施来保证目标的实现。通过这些方面的考察,我们可以对美育实践者的思想认识是否正确、是否到位做出定性判断。

　　其次,由于教育的目标在于促进人的全面和谐发展,总结性评价还可以围绕美育是否有服从并服务于教育根本目标的状况展开,重点观测学生的成长状况。具体来说,就是要考察大学生在以下三个方面的表现:一是大学生喜欢什么,这属于审美趣味方面的表现;二是大学生表现什么,这属于审美能力方面的问题;三是大学生发展什么,这属于审美理想方面的问题。

　　最后,从美育特性看,量化评价方法的运用应当以定性评价为基础,并且服务于定性评价要求。例如,针对美育评价的知识、技能等内容可进行量化考核并设定量化指标,进行量化评价可避免定性评价中主观意识。对学生的参与活动和学习的出勤率、组织纪律、技术技能的熟练程度和学习成效等进行客观性的评价,实施定量评价,给出相应的评价等级。

二、形成性评价

　　形成性评价又称过程性评价、动态性评价,指在教学过程中为了解学生的学习情况，及时发现教学中的问题而进行的评价。形成性评价常采用非正式考试或单元测验的形式进行。评价表的编制必须考虑单元教学中所有的重要目标。通过形成性评价，教师可以及时了解学生在学习上的进展情况，从而获得教学过程中的连续反馈，为教师随时调整教学计划、改进教学方法提供参考。

鉴于美育对人的涵育属于"润物细无声"的类型，衡量美育课程难以在短期内形成简单明确的评价，而采用形成性评价方法，则能够更好地对正在进行的教育活动做出正确的价值判断。"形成性评价是在形成阶段中进行的，那就要尽一切努力用它来改造这一过程""找到各种方法"，把过程中各个环节甚至细节得到的"评价的各个结果"跟被认为"重要和值得为之努力的各个学习与教学目标"联系起来。

形成性评价是受到普遍欢迎的一种评价方法，也是美育评价适合采纳"学生、教师和课程编制者"都乐意接受的评价方法。然而，其价值还不止如此。在美育评价中，要结合美育目标、美育内容和美育教学独有的特点进行适应性改造，才能更科学、更有效地使用这种评价方法，并将其功能发挥到极致。

三、体验式评价

美育是且必须在审美活动与体验过程中进行。审美素养也只有在这个过程中才能体现出来，因此，比较合适的美育评价方式就是体验式评价。"既符合美育特征，又卓有成效的是'体验'。所谓'体验'，需要进入情境，调动各种感官，与对象互动，唤起深度情感，形成共情，从而获得审美享受。这一过程依赖于提升感官敏锐度，正如美学家乔治·桑塔耶纳所说，'美感教育就在于训练我们去观赏最大限度的美'。"体验式评价适合在任何审美活动、任何美育的形式中进行，在美育测评或学生审美素养测评中，具有非常重要的价值。然而，评价者要驾驭这种评价方法，不仅要有娴熟的形成性评价理论和操作能力，还要有较高的审美素养和具体审美领域的知识、技能。美育必须通过审美活动且以美感体验为主线来实施,美育评价也应遵循美育的这一特性和规律,伴随审美活动与美感体验的实际过程来实施,这就是美育的过程性体验式评价。否则,所评价的既非艺术素质,也非审美素养,只是知识与情感的回忆结果罢了。

四、个体内差异评价

个体内差异评价也是应该大力倡导的美育评价方法。它是一种以被评价个体自身某一时期已有发展水平为标准(为参照),对现有发展状况进行对比和判断的评价方法。

简而言之,个体差异评价是一种将自身与自身进行对比和评估的过程。在进行比较时,我们可以考虑到个体的身心状况、某些特定方面之间的对比,或者是当前水平与历史水平之间的对比。例如,我们可以将一个人的美术审美修养与其音乐审美修养进行对比,同时也可以将审美修养与其道德修养和科学知识进行比较。这种评估方式的主要优势在于,它在充分尊重每个人的独特性的同时,更真实地评估每个人的成长、优势和劣势,发挥其长处、避免其短处,并根据每个人的特点进行教学。此外,这种方法还能有效地减少与他人的比较和在集体评价中的压迫感。在进行美育评价时,由于美的种类和审美活动的多样性,以及与个体的身心状况和个性选择的高度关联,因此,采用个体差异性评价法更有助于激发学生的学习和养育的积极性和兴趣。

参考文献

[1]蔡元培.美育与人生[M].济南:山东文艺出版社,2019.

[2]陈亮.高校美育课程建设的系统审思及优化策略[J].黑龙江科学,2022(13):138-140.

[3]陈琦,李佳.以美化心以美育德高校审美教育研究[M].长春:吉林人民出版社,2021.

[4]戴谨忆.戏曲美育教学研究[M].北京:中国戏剧出版社,2022.

[5]董玲.高校美育课程建设与艺术审美研究[M].北京:国家行政学院出版社,2018.

[6]董琦.高校公共艺术课程中舞蹈美育的价值审视及融合路径研究[M].长春:吉林教育出版社,2018.

[7]杜艺.高校美育课程建设与艺术审美研究[M].长春:吉林人民出版社,2019.

[8]范瑞芳.新文科下高校美育课程建设与实施策略研究[J].戏剧之家,2024(11):181-183.

[9]费仁英,蔡晓静.高校公共艺术课程中舞蹈美育的价值审视及融合路径[M].北京:北京工业大学出版社,2020.

[10]郭成,赵伶俐.大美育效应[M].北京:北京师范大学出版社,2017.

[11]韩笑,石丹.应用型高校美育课程体系的构建与实践[J].华章,2023(3):21-23.

[12]鞠荣丽.基于项目式的高校美育课程教学改革研究[J].新教育时代电子杂志(教师版),2023(43):95-97.

[13]康宁.新文科建设影响下的高校美育课程改革思辨[J].教育教学论坛,2023(1):77-80.

[14]黎明.基于华夏审美文化的高校美育课程体系构建研究[J].山西青年,2024(9):22-24.

[15]刘致畅.高校美育课程建设与开发研究[M].长春:吉林大学出版社,2022.

[16]罗枫.宁波城市职业技术学院学术文库高校美育课程实践探索与教学创新[M].北京:中国水利水电出版社,2023.

[17]马苏米.高校美育课程发展与舞蹈审美实践研究[M].沈阳:辽宁人民出版社,2024.

[18]王风雷.高校美育课程发展及演变研究[M].长春:吉林大学出版社,2019.

[19]王文迪,鱼洋.以问题为导向的高校美育课程建设研究[J].黄山学院学报,2023(1):132-134.

[20]吴海伦.民族高校美育课程建设研究[J].河南教育学院学报(哲学社会科学版),2020(3):111-113.

[21]夏燕靖.高校美育课程实施及评价体系问题探讨[J].美育学刊,2024(2):1-8.

[22]谢欣然.高校美育课程建设存在的问题及对策[J].西部学刊,2021(17):92-94.

[23]杨安升.基于分类学的地方高校美育课程体系建构策略[J].蚌埠学院学报,2023(6):89-93.

[24]杨秀丽.新时代背景下高校美育课程体系研究与实践[J].中国民族博览,2022(19):86-89.

[25]于海明.高校钢琴与美育教学研究[M].北京:新华出版社,2021.

[26]张琪儿.具身认知视域下高校美育课程的路径研究[J].闽西职业技术学院学报,2023(2):94-98.

[27]张宇.高校美育课程建设与艺术审美研究[M].北京:九州出版社,2019.

[28]周翠.高校美育德育的当代发展研究[M].北京:中国纺织出版社,2021.

[29]周文思.新时代背景下高校美育课程教学创新探究——评《高校美育课程实践探索与教学创新》[J].应用化工,2024(1):267.

[30]左铁峰.高校美育课程体系的构建研究[J].滁州学院学报,2024(1):108-114,131.